Alois Kothgasser · Clemens Sedmak

Quellen des Glücks

Alois Kothgasser
Clemens Sedmak

QUELLEN DES GLÜCKS

Von der Kunst des guten Lebens

Tyrolia-Verlag · Innsbruck-Wien

Wir danken für die Abdruckgenehmigung aus Erich Kästner, Das fliegende Klassenzimmer, © Atrium Verlag Zürich (Seite 132) und aus Antoine de Saint-Exupéry, Der kleine Prinz, © 1950 und 1998 Karl Rauch Verlag, Düsseldorf (Seite 146f).

Mitglied der Verlagsgruppe „engagement“

Bibliografische Information Der Deutschen Nationalbibliothek
Die Deutsche Nationalbibliothek verzeichnet diese Publikation in der Deutschen Nationalbibliografie; detaillierte bibliografische Daten sind im Internet über http://dnb.d-nb.de abrufbar.

2009

Umschlaggestaltung: Tyrolia-Verlag
unter Verwendung eines Bildes von © abcmedia
Layout und digitale Gestaltung: Tyrolia-Verlag
Druck und Bindung: CPI Moravia Books, Tschechien
ISBN 978-3-7022-3027-2
E-Mail: buchverlag@tyrolia.at
Internet: www.tyrolia-verlag.at

Inhalt

Vorwort 7

1. Glück und die Ordnungen des Lebens 9

2. Geglückte Kindheit 27

3. Gelingendes Wachstum 45

4. Vom Glück, ein besonderer Mensch zu sein 67

5. Das Glück der Nähe, die Kraft der Liebe 89

6. Gutes Zusammenleben, gelebte Verantwortung 111

7. Gelingender Abschied 133

Vorwort

„Quellen des Glücks“ ist der Titel unseres Buches und wir wollen nicht verschweigen, dass wir uns bemüht haben, nur von jenen Quellen zu schreiben, die wir selbst erfahren haben. Es gibt sie, diese Quellen – und gerade in einer Zeit, in der Menschen von wirtschaftlichen Engpässen betroffen sind, wollen wir von diesen Nährböden für ein „Ja zum Leben“ sprechen. Das durch Jesus Christus geschenkte „Ja zum Leben“ ist das Grundthema dieses Buches. Jesus selbst hat an diesem „Ja“ zu seinem Leben und zu den Menschen, die mit ihm waren, auch in Widrigkeiten festgehalten. Er hat uns gezeigt: Wo ein festes Fundament besteht, kann man voller Zuversicht ein Haus des Lebens bauen, in dem es sich auch in Stürmen und Wogen wohnen lässt. Von diesen Fundamenten und von dieser „Wohnlichkeit“ im Haus des Lebens erzählt dieses Buch.

Die gemeinsame Arbeit an diesem Buch war für uns auch eine stille Quelle von Glücksmomenten. Nun hoffen wir, dass die Leserinnen und Leser in diesem Buch Anregungen und Einladungen finden, die sie gut annehmen können.

Wir wollen uns herzlich bei unserer Lektorin Brunhilde Steger und bei unserem Verlagsleiter Gottfried Kompatscher bedanken – für die Umsicht, die Geduld und die Improvisationsbereitschaft, mit der sie die Entstehung dieses Büchleins begleitet haben. Unser Dank gilt auch all jenen Frauen und Männern, die durch Begegnungen und Gespräche und durch die vielen Handgriffe, die ein Buch erst Wirklichkeit werden lassen, zu diesem Band beigetragen haben. Möge Gottes Segen diese Menschen und dieses Büchlein begleiten.

Salzburg, im September 2009

Alois Kothgasser, Clemens Sedmak

1. Glück und die Ordnungen des Lebens

Die Suche nach Glück ist für viele Menschen geradezu zu einem Druck geworden; es hat so etwas wie „Glücksstress“ in so manchem Leben Einzug gehalten. Auf viele verschiedene Weisen werden Glücksversprechen abgegeben und es könnte scheinen, als wäre es das Wichtigste überhaupt, im Leben glücklich zu sein. Jean Vanier, der Gründer der „Arche“, erinnert uns daran, dass er in den Evangelien den Satz „Selig sind die Glücklichen“ nicht finden kann. Jesus verspricht den Menschen, die ihm nachfolgen, nicht das leichte Leben; er spricht auch nicht vom Glück. Jesus vermittelt nicht den Eindruck, dass es das Erste und Wichtigste im Leben sei, „glücklich“ zu sein. So können wir den leisen Verdacht hegen, dass das Glück mitunter überschätzt wird. Zumal sich, wenn wir länger darüber nachdenken, die Tür zu einem Paradox auftut: Das Glück scheint sich gerade dort einzustellen, wo man es nicht sucht; es wird gewissermaßen gefunden und nicht gesucht. Es stellt sich ein, wenn das Leben geordnet und gefügt ist, als „leises Glück“ und kann als das „laute Glück“, das ein Sportler, der eben eine Weltrekordzeit gelaufen ist und seinen Triumph in die Welt hinausbrüllt, nicht festgehalten werden. Das laute Glück kommt und geht, das leise und stille Glück, das wie ein ruhiges Gewässer fließt, mag eher von Bestand sein. In der christlichen Tradition wird für dieses Glück der Begriff der „serenitas", der gelassenen Heiterkeit, verwendet. Ein Mensch, der auf Gott vertraut und seine Tage voll Vertrauen und Kraft lebt und jeden Tag die kleinen Pflichten erfüllt, die das Leben auferlegt – dieser Mensch kann aus den Quellen der Heiterkeit und Gelassenheit schöpfen. Das hat weniger mit besonderen Erlebnissen und Erfahrungen als mit dem Rhythmus des Lebens, mit den Strukturen des Alltagslebens zu tun. Wenn es uns gelingt, unser Leben auf das Wesentliche auszurichten und immer wieder aufs Neue „Ja" zum Leben zu sagen, dann können wir Voraussetzungen dafür schaffen, dass uns ein erfülltes Leben geschenkt wird, das uns glücklich macht. Im Grunde genommen bedeutet „Glück" vor allem: tief „Ja" sagen zu können zum Leben.

Dieses „Ja" zum Leben will genährt werden. Es braucht Quellen. Und diese Quellen dürfen wir nicht versiegen lassen. Edwin O'Connor beschreibt in seinem 1961 erschienenen und mit dem prestigereichen Pulitzerpreis ausgezeichneten Roman *The Edge of Sadness* den Weg eines Priesters, der nach dem Tod seines Vaters langsam in eine Alkoholkrankheit abrutscht. Er lebt als Pfarrer mit zwei Kaplänen in einem Pfarrhaus und tut immer weniger, und auch das Wenige fällt ihm immer schwerer. Der Priester, der als Ich-Erzähler auftritt, beschreibt sich selbst als einen „spirituell trockenen Priester, für den die Quellen ausgetrocknet waren“. Langsam erholt sich der Mann wieder und tritt uns gegen Ende des Romans als gereifter Mann entgegen, der in einer alten und heruntergekommenen Pfarre das stille Glück gefunden hat. Edwin O'Connors Romanfigur ist innerlich ausgetrocknet, weil er die Kraft zu seinen täglichen Pflichten nicht mehr aufbringen konnte; weil er über seine innere Leere nicht sprechen wollte und konnte; weil er Schritt für Schritt immer weiter in die Dunkelheit und Leere eines Lebens abglitt, bei dem schon das Aufstehen einen schweren Schritt bedeutete.

Bleiben wir bei diesem Bild der Trockenheit und des Brunnens: Traurigkeit, so lehrt uns Johannes Cassian im fünften Jahrhundert, stellt sich nicht plötzlich ein, selbst wenn sie unversehens auftritt. Sie ist das Ergebnis längerer Sorglosigkeit; sie ist das Resultat einer länger andauernden Zeit der Nachlässigkeit, in der wir es verabsäumt haben, die Quellen zu pflegen. Manche sprechen vom geistlichen Grundwasserspiegel, dessen Absinken wir verhindern müssen – durch Regelmäßigkeit und durch ein maßvolles Leben. Quellen des Glücks sind weder versteckt, noch schwer zu finden – eher noch fällt es schwer, sie mit Regelmäßigkeit und Augenmaß zu pflegen. Quellen des Glücks sind Zeiten der Stille und des Gebets; sind gute Gespräche mit guten Menschen; sind Spaziergänge, Wanderungen und Begegnungen mit der Natur. Quellen des Glücks können das Fasten und das frühe Aufstehen sein, die körperliche und die geistige Arbeit, die kleinen Dinge des Lebens.

Wir wollen in diesem kleinen Buch keine neuen Forschungsergebnisse vorstellen, sondern viel eher an vertraute Weisheiten erinnern. Auch sie sind eine Quelle für stilles Glück. Wenn man über das Glück nachdenkt, mag es gut sein, verschiedene Formen von Glück zu unterscheiden: Da ist einmal das *Wohlfühlglück*, das in einem Gefühl wohliger Zufriedenheit besteht; es ist das Glück, das in Wellnesshotels vermittelt wird – das Glück des Behaglichen und Bequemen, das Glück des Menschen, der sich am Sonntagmorgen noch einmal im Bett umdrehen und weiterschlafen kann. Mit dem Wohlfühlglück verwandt ist das *Augenblicksglück*, das sich kurz zeigt, einen Moment der Freude schenkt, von dem man zehren kann, das sich aber nicht festhalten lässt. Albert Camus beschreibt das Eintauchen in das Meer als Moment des Glücks; wir könnten auch an die ersten warmen Sonnenstrahlen nach dem Winter denken; oder an einen Schluck frischen Quellwassers auf einer Wanderung. Das Augenblicksglück kann dir geschenkt werden, wenn dich ein Mensch unverhofft anlächelt oder wenn du ein Neugeborenes halten darfst. Solche Momente des Glücks sind Nahrung für die Seele, sie geben Kraft für den weiteren Weg. Mit Mühe und Aufwand verbunden ist eine dritte Form des Glücks, das *Anstrengungsglück*. Es ist eine Form des Glücks, die wir in Österreich gut kennen: Es ist jenes Glück, das sich einstellt, wenn man frühmorgens aufsteht, einen Berg erklimmt, um dann nach vielen Mühen am Gipfel anzukommen – erschöpft, aber mit dem Wissen, „es sich verdient zu haben", glücklich.

In Märchen wird das Glück gerne und oft als Anstrengungsglück dargestellt (der Held muss Prüfungen bestehen, muss sich bewähren ...). Das Anstrengungsglück dürfte, wenn wir das anmerken dürfen, in der Erziehung unserer Kinder vom pädagogischen Standpunkt eine größere Rolle spielen als das Wohlfühlglück. Es könnte auch eine Quelle von Selbstachtung sein, wenn es nicht übertrieben wird. Mit Achtung und Selbstachtung unmittelbar verbunden ist das *Redlichkeitsglück*. Es ist das Glück, das Menschen empfinden, die etwas Richtiges und Wichtiges getan haben, auch wenn es einen hohen Preis abverlangt hat. Dazu ein Beispiel: Der polnische Priester Maximilian Kolbe hatte bekanntlich sein Leben in Auschwitz freiwillig für einen Familienvater hingegeben; er wurde in den Hungerbunker geworfen, ohne Wasser und Nahrung. Nun soll in keinster Weise angedeutet werden, dass Maximilian Kolbe im Hungerbunker Wohlfühlglück empfunden habe; aber wir wollen hoffen und hoffen können, dass Maximilian Kolbe in dieser Situation Redlichkeitsglück empfunden hat – getröstet vom Wissen, das Richtige getan zu haben, auch wenn es nun das Leben fordert. Das Redlichkeitsglück besteht darin, sich im Handeln am Wert-Vollen orientiert zu haben. Das kann bis zum Martyrium gehen – aber es ist auch im Alltag verankert: Redlichkeitsglück kann etwa ein Pfadfinder empfinden, wenn er einer betagten Frau über die Straße hilft (vorausgesetzt, sie möchte die Straße überqueren ...). Mit dem Redlichkeitsglück verwandt ist das *Weisheitsglück*. Es hat in der Geschichte der Philosophie lange eine große Rolle gespielt – etwa in der griechischen und in der römischen Philosophie – und besteht im Glück, das ein Mensch empfindet, der sich auf die Suche nach der Wahrheit gemacht und herausgefunden hat, was das Wichtige im Leben ist. Weisheitsglück ist ein Zustand der Klarheit, die Überwindung der Verwirrung. Weisheitsglück bedeutet eine innere Ruhe, weil das qualvolle Suchen nach dem Wesentlichen unruhig machen kann. Zweifel sind kleine Stiche, die das Weisheitsglück vertreiben – und wir wollen hier auch anmerken, dass Zweifel einen großen Wert haben können und wir Weisheitsglück nicht mit Engstirnigkeit oder Starrköpfigkeit verwechseln wollen. Mit dem Weisheitsglück verbunden ist das *Wachstumsglück* oder auch „das Glück des Weges". Es ist das Glück eines Menschen, der weiß, dass er auf einem Weg unterwegs ist und tatsächlich weiterkommt. Menschen, die an ihrer Charakterbildung arbeiten, Menschen, die eine Fremdsprache lernen, Menschen, die für einen Marathon trainieren, können dieses Glück empfinden, das weniger in der vollendeten Leistung als im Glück des „Gut-auf-dem-Weg-Seins" besteht. Es ist das Glück des Menschen, der nicht stehen bleibt. Es ist das Glück von Menschen, die weniger an das Ziel als an die Reise denken. Die für religiöse Menschen vielleicht wichtigste Form des Glücks ist das *Gnadenglück* – das Glück, das sich einstellt, wenn man etwas Schönes geschenkt bekommt. Man könnte es auch – aber das klingt zugegebenermaßen viel weniger schön – „Zufallsglück" nennen. Gnadenglück erfahren Menschen, die der Liebe ihres Lebens begegnen; Gnadenglück erfahren Menschen, die gegen alle Wahrscheinlichkeit von einer Krankheit genesen; Gnadenglück erfahren Menschen, die wissen, wie viel sie ungeschuldet empfangen haben. Das ist denn auch eine Frage der Einstellung. Die vielleicht wichtigste innere Haltung, um das Gnadenglück erfahren zu können, ist die Dankbarkeit: Diese Haltung kann zu einer Grundhaltung des Lebens werden, wie es ja auch im ersten Thessalonicherbrief heißt: Seid dankbar für alles! (1 Thess 5,18). Menschen, die demütig einsehen, wie viel ihnen geschenkt worden ist, wie viel sie empfangen haben, sind offener für das Glück als Menschen, die (zu) vieles als selbstverständlich ansehen und vielleicht auch der Überzeugung sind, einen Anspruch auf Gesundheit, auf Sicherheit, auf Freunde, auf ein gutes Leben zu haben. So gesehen ist der Stolz ein großes Hindernis auf dem Weg zum Glück – denn eine hochmütige Haltung lässt schwer eingestehen, dass die wichtigsten Dinge im Leben „frei" sind – unverdient und frei geschenkt. Wenn wir an dieser Stelle eine erste Anregung für die Suche nach dem Glück geben dürfen, dann besteht diese Anregung in einer Einladung, eine Haltung der Dankbarkeit einzuüben. Wenn wir uns zum Beispiel fest vornehmen, jeden Abend in der Fastenzeit oder jeden Abend im Advent einen Satz in ein Tagebuch zu schreiben „Ich bin heute dafür dankbar, dass ...", so wird es uns nach einigen Wochen, am Ende der Fastenzeit oder am Ende des Advents innerlich besser gehen. Wir werden gestärkt und erfahren eine innere

Weite, eine größere Offenheit für das Leben. Versprochen!

Das Glück tritt also in vielen Formen auf (wir wollen auch nicht behaupten, dass diese Liste vollständig wäre …). Diese Formen des Glücks stehen nicht einfach nebeneinander, sondern sind miteinander verbunden und gehen ineinander über. Es kommt auch gar nicht darauf an, den Begriff des Glücks „den Tod tausender Qualifikationen" sterben zu lassen, um ein Wort eines englischen Philosophen zu verwenden. Wichtig ist nur, dass wir uns nicht von einer Form des Glücks in den Bann ziehen oder unter Druck setzen lassen. Es ist zum Beispiel gar nicht förderlich, zu viel Energie in das Wohlfühlglück zu investieren. Wir werden darauf noch zurückkommen, wenn wir über das Wachstum nachdenken. Noch einmal: Das Glück wird gefunden, nicht gesucht – es stellt sich ein und lässt sich nicht kaufen oder konstruieren. Das heißt aber nicht, dass sich das Glück wie das sprichwörtliche Vögelchen willkürlich auf den Schultern eines Menschen niederlässt, um dann plötzlich wieder von dannen zu fliegen. Nein, wir haben es in der Hand, das Leben (äußerlich und innerlich) zu ordnen, sodass es Raum für das glückliche und erfüllte Dasein schafft. Der griechische Philosoph Aristoteles hat etwa betont, dass wir ohne Freundschaften nicht glücklich werden können. Menschen brauchen Freundinnen und Freunde. Ohne die Erfahrung echter Freundschaft können wir nicht glücklich sein. Und: Es ist Zeichen eines guten Menschen, wenn er echte Freundschaften pflegen kann. So gesehen ist die Freundschaftsfähigkeit ein Schlüssel zum Glück. Wir werden freundschaftsfähig, wenn wir Freundschaften pflegen, wenn wir unsere Freundin, unseren Freund immer tiefer kennen lernen, gemeinsam etwas unternehmen, tiefe Gespräche führen, etwas von uns selbst preisgeben, uns also in einen echten Austausch begeben. Ein freundschaftsfähiger Mensch begegnet dem Freund und der Freundin mit Verlässlichkeit und Treue, mit Wohlwollen und Wärme, mit echter Freude über die Gegenwart des anderen Menschen. Das Gelingen von Freundschaften hängt auch mit der Ordnung des Lebens zusammen – wenn wir unser Leben so einrichten, dass wir keine Zeit mehr haben, Freundschaften zu pflegen, dann bringen wir eine Quelle des Glücks zum Versiegen. So gesehen hängt auch die äußere Ordnung des Lebens mit dem Glück zusammen; gelingt es uns, ein maßvolles Leben zu führen, in dem wir – um eine Liste von Prioritäten anzuführen – genügend Schlaf und Bewegung bekommen, genügend Zeit für Familie und Freundschaften haben, genügend Kraft für die Arbeit und die Anstrengung? Wir haben hier viel Gestaltungsspielraum für eine Ordnung des Lebens, die Quellen des Glücks nicht austrocknen lässt – wie im Beispiel der erwähnten Romanfigur von Edwin O'Connor. Der Priester in diesem Roman lässt Quellen des Glücks auch deswegen versiegen, weil er Freundschaften nicht mehr pflegt und sich in sich selbst „hineinkrümmt". Dadurch wird das Leben schwer, es fließt nicht mehr mit Anmut und Leichtigkeit.

Wenn wir unter Glück vor allem das „Ja" zum Leben in seiner ganzen Weite und Tiefe verstehen, dann besteht das Glück auch in schwierigen Erfahrungen der Anstrengung und des Wachsens, des mit Redlichkeit gewählten Erleidens. Der amerikanische Philosoph Robert Nozick hat einmal das Gedankenexperiment einer Erfahrungsmaschine entwickelt: Wenn es eine Maschine gäbe, die jede Erfahrung, die man sich nur vorstellen kann, erzeugen könnte, würden sich Menschen an diese Maschine für den Rest ihres Lebens anschließen lassen? Man könnte also die Erfahrung machen, seit zehn Jahren Einsiedler zu sein, oder die Erfahrung eines Lottomillionärs oder die Erfahrung eines erfolgreichen Malers. Würden wir diese „Erfahrungen aus der Dose" wählen und damit auf die Last und die Chance eines unberechenbaren Lebens verzichten? Robert Nozick meint, dass die wenigsten Menschen ein Leben an der Erfahrungsmaschine einem „echten Leben" mit seinen Höhen und Tiefen vorziehen würden. Das Glück besteht denn weniger in einem bestimmten „Lebenszustand" als vielmehr in einer Einstellung, die uns „Ja" zum Leben sagen lässt.

Dieses „Ja" zum Leben hat mehr mit dem „Innen" als mit dem „Außen" zu tun. Viele weise Menschen wie etwa auch der indische Jesuit Anthony de Mello haben uns daran erinnert, dass wir nicht den Fehler machen dürfen, das Glück von äußeren Bedingungen abhängig zu machen. Manche Menschen sagen: „Wenn das geschieht, dann werde ich glücklich sein"; „wenn sich dieser Wunsch erfüllt, dann werde ich das Glück erfahren" – auf diese Weise stellen sie Bedingungen an das Glück und wenn eine Bedingung erfüllt ist, stellt sich die nächste ein und dann eine weitere und so fort. Von diesem Fehler, das Glück an Bedingungen zu knüpfen, ziehen all jene Nutzen, die Versprechen abgeben, wie das Glück gefunden werden kann – wenn du das erwirbst, dann wirst du glücklich sein können … Auch wenn wir als leibhaft verfasste Wesen auf das rechte Äußere angewiesen sind und etwa auch materielle Lebensbedingungen eine wichtige Rolle spielen (Geld macht nicht glücklich, aber Geldnot kann wahrlich unglücklich machen), so ist das Innere doch eine Spur wichtiger, wenn wir „Ja!" zum Leben sagen wollen, weil es sich um eine Frage der Einstellung handelt. Wir sehen dies in der Sehnsucht nach Einfachheit und einem einfachen Leben bestätigt; die Kunst, glücklich zu sein und „Ja" zum Leben zu sagen, besteht wohl weniger darin, über vieles zu verfügen, als vielmehr darin, mit wenigem auszukommen. Es gibt eine Weisheitsgeschichte über zwei Philosophen, einen wohlhabenden und einen ärmlichen: Der wohlhabende Denker sagt zu seinem Freund: „Wenn du den Reichen nach dem Mund reden würdest, könntest du so leben wie ich" – worauf der ärmliche Philosoph erwidert: „Wenn du so leben könntest wie ich, müsstest du den Reichen nicht nach dem Mund reden." Die Suche nach dem Glück und die Bedingungen für das Glück stehen dem Glücklichsein oft entgegen. Es verwundert deswegen nicht, dass der heilige Johannes vom Kreuz in seinem berühmten Werk *Aufstieg auf den Berg Karmel* Überlegungen zur Beherrschung der Strebekraft und der eigenen Wünsche in den Mittelpunkt stellt. Ein Mensch, der voller Strebungen ist, wird ständig unzufrieden sein (I,6,3). Strebungen schwächen – sie sind wie quengelnde kleine Kinder oder wie eine rissige Zisterne. Deswegen sind Menschen, die von ihren Wünschen getrieben sind, auch immer wieder müde und erschöpft (I,6,6). So gesehen stehen Wünsche und Bedingungen dem Glück entgegen. Hier ist die „Kunst des Weniger" gefragt – worauf kommt es eigentlich an in unserem Leben?

Diese Frage wird etwa in Bhutan, dem kleinen Königreich im Himalaya zwischen China und Indien, gestellt. In diesem kleinen Land wurde die Idee des „Bruttonationalglücks" eingeführt. Der damalige König sagte in den 1980er Jahren in einem Interview, dass das Streben nach Bruttonationalglück wichtiger sei als das Bruttonationalprodukt. Damit wollte er sagen: Bhutan ist zwar statistisch gesehen eines der ärmsten Länder der Erde, aber die entscheidende Frage ist nicht, ob die Menschen arm sind, sondern die Frage: Sind die Menschen glücklich? Gerade Bhutan zeigt, dass eine intakte Naturlandschaft, ein Leben ohne Zeitnot und Zeitdruck und ein Leben in einer vertrauten Gemeinschaft, in der man mit Aufmerksamkeit bedacht wird, entscheidend auf dem Weg zum Glücklichsein sind. Das Geld spielt dann eine untergeordnete Rolle. Ein Leben in Maß und Sicherheit stiftet mehr Glück als ein Leben in Überfluss, Unruhe und Sorge. Das Bruttonationalprodukt misst vieles – aber eben nicht das, was das Leben lebenswert macht. Es sagt nichts über die Kultur der Freundschaften, das Fördern von Kindern, die Schönheit der Dichtung, die Freude an der Arbeit, das Niveau der öffentlichen Diskussionen aus. Ein Journalist hat die Rede vom „Bruttonationalglück" als einen Trick bezeichnet, mit dem die Aufmerksamkeit auf etwas anderes gelenkt wird; es ist gleichsam so, als würde man einen Schalter umlegen und den Blick auf etwas anderes richten. Würde uns dieser neue Blick, wenn wir auf unser eigenes Leben schauen, nicht auch manchmal gut tun? Es leiden ja genügend Menschen darunter, dass sie nicht so viel Geld verdienen wie andere – nicht nur, dass der Druck des ständigen Vergleichs ermüdet und schwächt; es ist ja auch zu bedenken, dass es wichtigere Dinge als Geld gibt – Dinge, bei denen ein „Zuviel" an Geld im Wege stehen kann. Der erwähnte Johannes Cassian macht auf ein Gesetz des Lebens aufmerksam, das er immer wieder festgestellt hat: Je mehr ein Mensch hat, desto größer wird die Habgier; desto größer auch die innere Unruhe, der Drang nach „mehr". Das ist ein bemerkenswerter Punkt. Diese Dynamik hängt vielleicht auch damit zusammen, dass wir uns schnell an Standards gewöhnen; sie werden für uns selbstverständlich und nicht mehr Nahrung für die Einstellung der Dankbarkeit. Ein Mensch, der weniger hat, kann sich über eine Kleinigkeit denn auch mehr freuen als ein Mensch, für den so vieles selbstverständlich geworden ist. Auch hier sehen wir die Kraft der Dankbarkeit. Könnten wir ein „Bruttonationalglücksdenken" in unser Leben bringen?

Das „Ja“ zum Leben können wir dann am klarsten sagen, wenn wir uns an die Ordnungen des Lebens halten. Ein Leben mit einem Sinn für das rechte Maß orientiert sich auch an den Ordnungen des Lebens. Es ist eine Ordnung des Lebens, dass wir unser Leben an einem Punkt beginnen – in der Kindheit; es ist eine Ordnung des Lebens, dass wir auf der Suche nach uns selbst sind, dass wir unseren Platz im Leben finden und von diesem Lebensplatz aus das Leben gestalten; es ist eine Ordnung des Lebens, dass wir wachsen können und an uns arbeiten; es ist eine Ordnung des Lebens, dass wir als je besondere Menschen besondere Bindungen eingehen und damit die Kultur der Liebe wecken; es ist eine Ordnung des Lebens, dass wir aus einer Kultur der Liebe heraus das Zusammenleben mit anderen Menschen, in erster Linie mit der Familie, gestalten; es ist eine Ordnung des Lebens, dass wir als reife Menschen Verantwortung übernehmen und für das Wachstum anderer Sorge tragen. Und es ist schließlich eine Ordnung des Lebens, dass alles seine Zeit und seine Grenze hat und dass die Zeit des Abschieds kommt. Nach diesen Ordnungen des Lebens ist dieses Buch aufgebaut: Wir wollen die Frage nach dem Glück als Frage nach dem tiefen „Ja“ zum Leben auffassen. Und wir wollen dieses Ja zum Leben in verschiedenen Dimensionen sehen: Geglückte Kindheit; vom Glück, ein besonderer Mensch zu sein; geglücktes Wachsen; gelingendes Lieben; gutes Zusammenleben und gelebte Verantwortung; gelingendes Abschiednehmen. Entsprechend haben wir das Buch aufgebaut.

Es soll um das „Ja“ zum Leben gehen. Einer der größten Feinde des Lebens ist die Angst. Sie ist eine Quelle für Unglück und Not. Das wichtigste Heilmittel gegen die Angst ist das Gottvertrauen: In seiner *Rede über die Gottesfurcht* weist Ephraim, der Syrer (gestorben um 373), auf die Bedeutung der Gottesfurcht hin – wer die Größe und Macht und Heiligkeit Gottes anerkennt, wird aus einer Kultur der heiligen Scheu vor Gott, aus einer Kultur der Demut angesichts der Größe Gottes, aber damit auch aus einer Kultur der Furchtlosigkeit gegenüber dem, was nichtgöttlich ist, leben: „Wer sich vor dem Herrn fürchtet, ist über jede andere Furcht erhaben und läßt alle Schrecknisse der Welt weit hinter sich zurück.“ Ein Mensch, der Gott fürchtet, braucht sich nicht zu fürchten. Und er wird gleichzeitig mit einem Sinn für Demut erfüllt sein. Diese Demut erst macht offen für den Trost des Wortes „Fürchte dich nicht!“. Immer wieder begleitet uns dieses Wort „Fürchte dich nicht!“ durch die Heilige Schrift. Im ersten Kapitel des Lukasevangeliums, auf dem Weg zur Geburt Jesu, finden wir gleich zweimal dieses mächtige Wort: „Fürchte dich nicht!“ Es ist ein Wort, das der Engel dem Zacharias, dem Vater des Johannes, des Täufers, zuspricht (Lk 1,13); und es ist auch das Wort, das der Erzengel Gabriel zu Maria spricht, als er ihr die gute Nachricht, also das Evangelium, verkündet: „Fürchte dich nicht, Maria. Du hast Gnade gefunden bei Gott“ (Lk 1,30). Die Finanz- und Wirtschaftskrise hat viele Menschen das Fürchten gelehrt. Die internationale Finanzkrise hat ein Ausmaß erreicht, das Anlass zur Sorge gibt. Auch das Verhalten, das zu dieser Krise geführt hat, bereitet uns Sorgen. Wir haben es hier mit kurzfristigem Denken, mit einem Mangel an Kontrollmechanismen und Regelwerken, mit Habsucht und Unverhältnismäßigkeit, ja mit grenzenloser Gier und einem Verlust an Solidarität zu tun.

Manche Szenarien der Zukunft sind richtiggehend schwarz. Die Krise wird tief sein und sie wird lange dauern und sie wird immer größere Kreise ziehen. Manchmal wird geradezu von einem dunklen Abgrund gesprochen, der vor uns aufragt. Dieses Bild macht Angst. Es lähmt uns. Gerade gegen das Bild des gähnenden Abgrunds, der uns zu verschlingen droht, wollen wir in der Erzdiözese Salzburg das Bild des offenen Himmels setzen. Wir alle wissen, dass der Himmel in der Heiligen Schrift immer wieder offen steht: Der Himmel steht offen im Traum des Jakob (Gen 28,11–15); der Himmel steht offen, als der Prophet Elija entrückt wird (2 Kön 2,11); der Himmel steht offen, als Jesus von Johannes, dem Täufer, getauft wird (Mt 3,16); der Himmel steht offen für den heiligen Stephanus, der in der Apostelgeschichte mit den Worten zitiert wird: „Ich sehe den Himmel offen stehen“ (Apg 7,56). Mühelos öffnet sich der Himmel, es ist Gnade und nicht menschliches Zutun. Und diese Größe Gottes, der menschlichem Tun zuvorkommt und menschliche Anstrengung segnet und begleitet, bedenken wir vertrauensvoll, wenn wir uns auf den offenen Himmel besinnen. Dieser Blick auf den offenen Himmel ist der Blick, der uns nottut; es ist der Blick, der Not wendet.

Dieser Blick auf den offenen Himmel, auf die Nähe Gottes, auf das Durchdringen von Himmel und Erde, dieser Blick gibt Kraft und er schenkt Klarheit. Und er gibt uns Mut. Der Blick auf den offenen Himmel lässt uns demütig werden und mutig, er lässt uns aufrecht stehen und nach oben blicken, er lässt uns erkennen, wo unsere Grenzen liegen – und er lässt uns ahnen, dass es begnadete Orte gibt, wo Himmel und Erde sich berühren. Diese Ahnung ist eine Hoffnung. Und aus dieser Hoffnung leben wir. Wir blicken auf das Jahr, das vor uns liegt. Uns ist die Gabe der Schau des Künftigen nicht gegeben. Und das ist gut so. Es liegt ein Segen in unserem Unwissen, was die Zukunft bringen mag. Wir können uns nur bemühen, uns bestmöglich vorzubereiten auf das, was kommt, und dabei mit festem Blick auf Gott zu vertrauen – zu vertrauen, dass Gott uns auch durch diese Zeit begleitet, auch durch diese Enge führen wird in die Weite, die Er uns verheißen hat.

Und so kommen wir wieder zu diesem machtvollen Wort „Fürchte dich nicht!“, das uns durch diese Zeit begleiten soll. Das Wort zieht sich wie ein roter Faden, wie eine Rettungsleine durch die Bücher der Heiligen Schrift. Das Wort „Fürchte dich nicht!“ ist eine Aufforderung, also eigentlich ein Befehl – hier schwingt auch eine Mahnung mit. Hast du denn vergessen, dass dein Leben in Gottes Händen liegt? Hast du denn vergessen, dass sich nichts der Kraft der göttlichen Vorsehung entziehen kann? Hast du denn vergessen, dass nichts ohne Wissen Gottes geschieht? In der Heiligen Schrift tritt der Zuruf „Fürchte dich nicht!“ zugleich als eine Zusage und als die Überantwortung einer Aufgabe auf. Es ist ein Zuruf und eine Einladung: Gott ist nahe, Gott schützt und hält, hilft und heilt, Gott trägt und führt. Und es ist das Übergeben einer Aufgabe: Fürchte dich nicht, denn du musst etwas Wichtiges vollbringen. Von Anfang an tritt uns in der Heiligen Schrift dieses Wort entgegen: „Fürchte dich nicht!". Im Buch Genesis, dem ersten Buch des Alten Testaments, ergeht dieses Wort an Abraham (Gen 15,1), an Hagar (Gen 21,17), an Isaak (26,24), an Rahel (35,17), an Jakob (46,3). Jedes Mal ist es eine Zusage auf die Zukunft hin. Jedes Mal lädt die Heilige Schrift zu einem Leben ein, das nicht von der Lähmung und Enge der Angst, sondern von der Weite und Kraft der Liebe bestimmt ist. Die Furchtlosigkeit gibt die Kraft, wichtige Aufgaben anzugehen. Die wichtigste Aufgabe ist das Erfüllen der kleinen und großen Aufgaben, die das Leben aufgibt – mit einem „Ja" zum Leben. Dieses „Ja" zum Leben ist Quelle und Nährboden für unser Glück. Über diese Quellen wollen wir in diesem Buch nachdenken.

2. Geglückte Kindheit

Randy Pausch war ein amerikanischer Computerwissenschafter. Er hatte im Alter von 37 Jahren geheiratet und wurde Vater von drei Kindern; zehn Jahre später erkrankte er an Bauchspeicheldrüsenkrebs. Er wusste, dass er nicht mehr lange zu leben hatte, und bereitete eine Abschiedsvorlesung („last lecture") vor. Mit großer Sorgfalt und Liebe zum Detail feilte er an seiner Vorlesung, die großes Interesse weckte, weil es wohl wirklich seine letzte werden würde. Er fühlte sich von einem großen Ehrgeiz ergriffen, in dieser Vorlesung ein Vermächtnis für seine Kinder zu hinterlassen, eine Lebensbotschaft. Mit Blick auf seine Kinder, die ihn, wenn sie so weit waren, seine Vorlesung zu verstehen, wohl nur mehr vage in Erinnerung halten würden, wies Randy Pausch auf zwei tiefe Einsichten hin: Vergesst eure Kindheitsträume nicht! Und: Erlaubt es euren Kindern, ihre Träume zu verwirklichen!

Die erste Einsicht sagt etwas über die tiefe Verbundenheit aus, die das Land der Kindheit mit dem Land der Erwachsenen verbindet. Diese Einsicht lässt sich in Einladungen ausdrücken, wie etwa: Vergesst eure Kindheit nicht! Vergesst eure Kindheitsträume nicht! Vergesst nicht, wer ihr sein wolltet, welche Ideale und Träume ihr gehabt habt! – denn all diese Träume sind Teil dessen, was ihr seid. Randy Pausch hat in seiner Abschiedsvorlesung tatsächlich überlegt, welche Träume seine Kindheit begleitet haben: Wovon habe ich als Bub geträumt und was habe ich davon verwirklicht? Randy Pausch war froh, sagen zu können, dass er an seinen Träumen festgehalten hat und sie sich wie ein roter Faden durch sein Leben zogen. Die zweite Einsicht („Erlaubt es euren Kindern, ihre Träume zu verwirklichen!“) erzählt von geschenktem Freiraum. Randy Pausch erzählt, wie er seinen Eltern die Erlaubnis abrang, sein Zimmer selbst ausmalen und gestalten zu dürfen. Nach einigem Zögern willigten seine Eltern ein; Randy Pausch hat ihnen diese Großzügigkeit, seinen Traum eines durch und durch originellen Zimmers leben zu dürfen, nie vergessen. Und er war sich auch wohl bewusst, dass es Eltern etwas kostet, Kindern einen Traum zuzugestehen, der vielleicht nicht den Vorstellungen der Erwachsenen entspricht.

Kinder haben dieses „Recht auf Träume“ – denn diese Träume sind für ein Kind besonders wertvoll. Ist es nicht schön, zu sehen, wie ein Kind hingerissen und überwältigt sein kann? Wie vehement Kinder ihre Freude ausdrücken und „Ja“ zum Leben sagen können? Wie viel Vertrauen sie in das Leben setzen können? Sind es nicht diese Eigenschaften, die Jesus dazu brachten, uns einzuladen, so zu werden wie die Kinder – und das Reich Gottes voll Vertrauen, Freude und Kraft aufzunehmen? Kinder haben ein Recht auf ihre Träume und sie haben ein Recht darauf, ihren eigenen Lebenstraum in wachsender Unabhängigkeit verfolgen zu dürfen. Die berühmte Erzählung vom David, der den Goliath besiegt, erzählt uns etwas von der Kraft des Kleinen (1 Sam 17). David wurde schon früh zu verantwortungsvoller Arbeit herangezogen, er musste die Schafe hüten (1 Sam 17,15). Er machte die Erfahrung, dass man nicht mit fremder Rüstung gehen kann (1 Sam 17,39), obwohl ihm Saul die beste Rüstung zur Verfügung stellte. Nein, David musste seinen eigenen Weg gehen, seine eigenen Waffen finden und er kämpfte mit der kindgerechten Waffe einer Steinschleuder. Damit besiegte er den überheblichen und selbstgefälligen Goliath und trat damit seinen eigenen Weg in ein Erwachsenenleben mit seiner Verantwortung und seiner Unabhängigkeit an. So lebte David seinen Traum, seinen je eigenen Beitrag zur Befreiung seines Volkes zu leisten – mit der Kraft des Kleinen.

Träume von Kindern sind Ausdruck dieser Kraft des Kleinen. Kinder haben ein Recht darauf, ihre Träume kennen und verfolgen zu dürfen und sich auf den Weg eigener Entscheidungen und Verantwortungen machen zu können. Am Anfang des Lebensweges stehen ja vor allem Abhängigkeiten und Verwundbarkeiten. Kinder sind auf Begleitung und Förderung angewiesen, Kinder sind verwundbar. Erwachsene sollten nie vergessen, was sie ihrer Kindheit schulden; wir sollten nie vergessen, dass Kinder nicht „Schmiede ihres Glückes“ sind, die das Leben von Anfang an selbst gestalten, sondern verletzlich und formbar. Im Neuen

Testament wird immer wieder auf die besondere Bedeutung von Kindern hingewiesen: Es ist doch bemerkenswert, dass der ungeborene Johannes im Leib seiner Mutter Elisabeth hüpfte, als Elisabeth den Besuch von Maria, der Mutter des Herrn erhielt (Lk 1,41). Hier wird ein ungeborenes Kind als Offenbarer von Wahrheit und Heil beschrieben! Es ist auch bemerkenswert, dass Jesus ein Kind in die Mitte stellt und mit diesem Kind in der Mitte wichtige Lehren über das Leben erteilt: Wenn ihr nicht werdet wie die Kinder, werdet ihr nicht eingehen in das Himmelreich (Mt 18,2–3) – damit ist wohl auch die Fähigkeit, zu vertrauen, angesprochen. An der erwähnten Stelle im Matthäusevangelium finden wir auch die Mahnung, dass der Umgang mit Kindern von ganz entscheidender Bedeutung ist; für Einzelne wie auch für eine Gesellschaft: „Wer ein solches Kind um meinetwillen aufnimmt, der nimmt mich auf“ (Mt 18,5): Dieser Gedanke wird in der Endzeitrede im 25. Kapitel des Matthäusevangeliums noch einmal wiederholt: „Was ihr dem geringsten meiner Geschwister getan habt, das habt ihr mir getan“ (Mt 25, 40). Die Kinder waren in der gesellschaftlichen Ordnung der damaligen Zeit ganz unten – als diejenigen, die politisch nicht für sich selbst sprechen können, sind sie es noch heute. Aus diesem Grund ist der Umgang mit Kindern auch ein wichtiger Gradmesser für die Redlichkeit einer Gesellschaft. Am Umgang mit den Kindern entscheidet sich die Zukunft einer Gesellschaft. Kinder sind unser großer Schatz und unser großes Wunder. Kinder sind ein Segen – dieses Motiv finden wir immer wieder in der biblischen Tradition; es ist die Erfahrung von Sara, der Frau des Abraham, es ist die Erfahrung von Jakobs Ehefrau Rachel, es ist die Erfahrung von Hanna, der Mutter des Propheten Samuel. Kinder sind ein Segen; sie sind Ausdruck des Wohl-Wollens Gottes.

Der polnische Kinderarzt und Kinderfreund Janusz Korczak, der so viel für die Pädagogik geleistet hat und 1943 in Auschwitz den Tod fand, weil er die ihm anvertrauten Waisenkinder nicht verlassen wollte, hat in seinen Schriften immer wieder darauf hingewiesen, dass Kinder ein Wunder und ein Geheimnis sind. „Ein Kind ist ein Pergament, dicht beschrieben mit winzigen Hieroglyphen, die du nur zum Teil zu entziffern vermagst." Das Kind ist ein Wunder, über das wir nicht müde werden sollten, zu staunen. Es ist ein Geheimnis, das uns demütig werden lässt, weil wir es nicht gänzlich verstehen und schon gar nicht beherrschen können. Die Kindheit ist dabei nicht bloß ein Durchgangsstadium, ein Lebensabschnitt, der „absolviert" werden muss; die Kindheit, das sind prägende Jahre mit wichtigen Ereignissen, tiefen Erinnerungen. Janusz Korczak betont nicht von ungefähr „das Recht des Kindes auf den heutigen Tag" – diese Mahnung ist gerade deswegen wichtig, weil wir von früher Kindheit an mit dem Gefühl aufwachsen, das Große sei bedeutungsvoller als das Kleine; so sprechen wir von „großen Menschen" und „großen Taten" und „großen Leistungen". Was bedeutet das für die Achtung vor dem Kind und für die Achtung vor dem Kindlichen und dem Kindhaften?

Wachsen ist „schwere Arbeit“, wie Korczak bemerkt. Natürlich geht es darum, das Kind auf die Zukunft vorzubereiten, auf eine „offene Zukunft“, die zu gestalten dem Kind überlassen wird und aufgetragen ist. Aber es ist ungesund, das Kind im Wachsen anzutreiben und möglichst schnell zum „Erwachsen“-Sein zu führen. Kinder dürfen nicht um die Kindheit betrogen werden. Von dieser Kindheit erzählt die schwedische Kinderbuchautorin Astrid Lindgren in ihren Erinnerungen *Das entschwundene Land*: „Zweierlei hatten wir, das unsere Kindheit zu dem gemacht hat, was sie gewesen ist – Geborgenheit und Freiheit. Wir fühlten uns geborgen bei diesen Eltern, die einander so zugetan waren und stets Zeit für uns hatten, wenn wir sie brauchten, uns im Übrigen aber frei und unbeschwert … herumtollen ließen … In unseren Spielen waren wir herrlich frei und nie überwacht. Und wir spielten und spielten und spielten, dass es das reine Wunder ist, dass wir uns nicht totgespielt haben.“ Spielen ist Leben im Augenblick; Spielen ist Eintreten in eine eigene Welt mit eigenen Gesetzen – mit Gesetzen, die nicht von Erwachsenen bestimmt werden. Das mag auch ein Grund sein, warum Pippi Langstrumpf schon seit Jahrzehnten die Kinder begeistert – hier kommt ein rothaariges, bärenstarkes und herrlich unkontrollierbares und unordentliches Mädchen und lebt nach eigenen Gesetzen. Kinder zu lieben heißt ja auch: die Welt mit ihren Augen zu sehen und sie die Welt mit ihren Augen sehen zu lassen. Das Spielen ermöglicht ein Leben im heutigen Tag – „voll froher Anstrengungen, kindlich, sorglos, ohne Verpflichtung, die über das Alter und die Kräfte hinausgeht", wie Korczak schreibt.

Die Kindheit ist keineswegs eine Lebenszeit leidensfreien Genießens. Ein Kind will und soll ernst genommen werden in seinem Kummer, auch wenn es um ein verlorenes Taschenmesser oder eine kaputte Puppe geht. Kinderarmut ist eine drückende Wunde. Kinder, die in Armut aufwachsen, tun sich schwer, Selbstvertrauen zu entwickeln. Und wenn der Krug des Selbstvertrauens wenig gefüllt ist, ist es nicht leicht, Freundschaften zu schließen, Arbeit zu finden, mit schweren Situationen fertig zu werden. Erich Kästner hat in seinem berühmten Kinderbuch *Das fliegende Klassenzimmer* den Musterschüler Martin beschrieben, dessen Eltern arm sind, weil sein Vater die Arbeitsstelle verloren hat. Die Eltern können sich das Fahrgeld nicht leisten, um ihren Sohn über Weihnachten vom Internat, wo ihr Sohn ein Stipendium hat, heimfahren zu lassen. So sitzen Vater und Mutter am Heiligen Abend einsam in ihrer kleinen Wohnung und denken an ihren Sohn, der seinerseits einsam im fast menschenleeren Internat sitzt. Der Vater sagt mit Trauer und Verbitterung: „Dass so etwas vom Schicksal überhaupt erlaubt wird. Da muss so ein kleiner Kerl schon erfahren, wie schlimm es ist, wenn man kein Geld hat. Hoffentlich macht er seinen Eltern nicht noch Vorwürfe, dass sie so untüchtig und so arm geblieben sind!"

Diese Worte tun weh, wenn man sie liest; sie sind grausam, weil sie eben auch eine grausame Wirklichkeit ansprechen. Armut ist grausam; sie fügt tiefe Verletzungen zu, Wunden, die nur langsam heilen. In seinem Vorwort zu diesem Buch sagt Kästner: „Wie kann ein erwachsener Mensch seine Jugend so vollkommen vergessen, dass er eines Tages überhaupt nicht mehr weiß, wie traurig und unglücklich Kinder zuweilen sein können?“ Kinder haben echte Sorgen und Ängste – selbst wenn sie aus der Erwachsenenperspektive klein aussehen mögen, handelt es sich um echten Schmerz und echte Not, die ernst genommen und geachtet werden will. Kinder sind verletzbar. Sie können sich nicht so einfach gegen Widrigkeiten zur Wehr setzen. Sie haben wenig Mittel, sich gegen Demütigungen zu schützen. Sie sind dem Augenblick in vielerlei Hinsicht ausgeliefert. Wenn wir an einer kindgerechten Gesellschaft bauen wollen, ist es besonders wichtig, dass wir unser eigenes Kindsein und unsere eigene Kindheit nicht vergessen. Und dass wir nicht vergessen, dass Kinder ein Recht auf ein eigenes Leben haben, ein Leben, das nicht einfach „mitläuft“ oder gar Werkzeug für unsere eigenen Träume ist. Die jüdische Tradition erzählt immer wieder von der Versuchung, ein Leben auf Kosten der Kinder zu führen. Im Buch der Richter wird etwa von Jiftach berichtet, der im Kampf gegen die Ammoniter ein Gelübde ablegt, dass er das Erste, was ihm bei seiner Heimkehr aus der Tür seines Hauses entgegenkommen würde, Gott opfern würde. Er siegt auf der Grundlage dieses Gelübdes und seine Tochter, von der nicht einmal der Name genannt ist, kommt ihm als Erste entgegen. Er hat seinen Sieg auf Kosten der Tochter errungen, die nun ihr Leben lassen muss. Ein berühmtes Beispiel für eine Fehlhaltung, die auf Kosten eines Kindes geht, finden wir in der Geschichte mit dem salomonischen Urteil (1 Kön 3,25ff). Zur Erinnerung: Zwei Frauen kommen zu Salomo und streiten um ein Kind – sie hatten beide ein Kind geboren und schliefen mit den beiden Neugeborenen in einem Bett. Ein Kind starb in der Nacht und nun musste König Salomo den Streit schlichten, wessen Kind in der Nacht gestorben war. Salomo erließ sein berühmtes salomonisches Urteil und schlug vor, das Kind, um das die beiden Frauen stritten, mit einem Schwert in der Mitte zu teilen. Die eine Frau war von diesem Vorschlag angetan, die andere jedoch flehte den König an, das Leben des Kindes zu schonen und lieber das Kind der anderen Frau zu geben, als es sterben zu lassen. Daran erkannte Salomo die echte Mutter. Dennoch: Die eine Frau war aus Motiven von Eifersucht, Trauer, Zorn und Stolz bereit, das Leben des Kindes zu opfern; sie war bereit, ein Leben auf Kosten des Kindes zu führen. Diese Beispiele sind uns, wenn wir ehrlich sind, wohlbekannt, wenn auch nicht vielleicht in dieser Dramatik: Es bedeutet, auf Kosten von Kindern zu leben, wenn wir unsere Kinder dazu drängen, unseren eigenen Traum zu leben; es bedeutet, auf Kosten der Kinder zu leben, wenn wir die Erde mit ihren Schätzen zugrunde richten und die nachfolgenden Generationen ein „sinkendes Schiff Erde“ vorfinden. Es bedeutet, auf Kosten der Kinder zu leben, wenn wir das Pensionssystem nicht so anpassen, dass es auf Dauer haltbar ist. Wenn Kinder unser größter Schatz sind, dann müssen wir uns davor hüten, ein

Leben auf Kosten der Kinder zu führen. Mehr noch: Wenn man die biblischen Texte ansieht, könnte man sogar auf den Gedanken kommen, dass der Anspruch einer frohen und heilbringenden Botschaft wesentlich mit dem Umgang mit Kindern zusammenhängt. Heilsbringer ist ein Mensch, der Kinder ins Leben rufen kann. Es ist auffallend, dass die Propheten Elija und Elischa Kinder auferwecken (1 Kön 17,23; 2 Kön 4,18ff), wie auch Jesus die Tochter des Jairus auferweckt (Mk 5,39f). Hier wird uns die Kraft, Kinder zum Leben zu bringen, als Zeichen einer göttlichen Sendung dargestellt. Das kann denn auch ein hilfreiches Kriterium für die Beurteilung von Politik sein: Stärkt diese Politik das „Ja" von Kindern zum Leben?

Die biblische Tradition warnt aber nicht nur vor Fehlverhalten. Sie erzählt auch von gelingendem Wachstum, von geglückter Kindheit. Sehen wir uns ein biblisches Beispiel für eine geglückte Kindheit an: Der für das Volk Israel so wichtige Prophet Samuel wird im Alten Testament auch in seinen Kindheits- und Jugendjahren beschrieben. Seine Kindheit war die Vorbereitung für sein wichtiges prophetisches Wirken und Tun. Samuel hatte, davon wollen wir einmal ausgehen, eine geglückte Kindheit. Wir wollen dies in einigen Punkten darstellen: Samuel hatte eine geglückte Kindheit, weil seine Mutter Hanna ihn ersehnt und sich auf ihn gefreut hatte: „Ich habe ihn vom Herrn erbeten" (1 Sam 1,20). Samuel wurde in dieser Welt willkommen geheißen. Er war ein Wunschkind, ein Kind, das seine Mutter in Staunen versetzte, weil ihr Wunderbares widerfahren war. Ein ganz wesentlicher Punkt im Leben mit Menschen, besonders Kindern, ist die Kunst, sie willkommen zu heißen. Menschen fühlen sich in einer Gesellschaft willkommen und willkommen geheißen, wenn sie Grund zur Freude und Dankbarkeit sind; wenn ihnen mit einer Haltung der Offenheit („ich freue mich auf das, was sich durch dein Kommen nun verändern wird") und der Unterstützung („ich will dich in der Entdeckung und Verwirklichung deiner Gaben und deines Weges begleiten") begegnet wird. Das sind Grundhaltungen der Gastfreundschaft. Es ist nicht selbstverständlich, dass Menschen in einer Gesellschaft willkommen geheißen werden: Asylwerberinnen und Asylwerber, Menschen mit besonderen Bedürfnissen, Jugendliche, die auf den Arbeitsmarkt drängen, Menschen, die auf Unterstützung angewiesen sind – sie und viele andere erhalten nicht das Signal „du bist in der Gemeinschaft willkommen". Wir können uns auch als Priester, Eltern, Lehrerinnen und Lehrer, Ärztinnen und Ärzte fragen: Heißen wir die Menschen, die uns anvertraut sind, wirklich willkommen? Leben wir eine „Kultur der Gastfreundschaft"? Wir wollen hier nicht in einen moralisierenden Ton verfallen, sondern nur darauf aufmerksam machen, dass es gar nicht selbstverständlich ist, dass Menschen in der Gesellschaft willkommen geheißen werden. Dieses Willkommenheißen ist eine Erfahrung, die wir machen, wenn wir uns auf den Besuch eines Menschen freuen, dem wir uns stark verbunden fühlen. Wir bereiten alles für die Ankunft des Gastes vor, sind ein wenig aufgeregt und auch dankbar für die Durchbrechung des Alltags und in Erwartung von schönen gemeinsamen Stunden. Und wenn der Gast kommt, machen wir die Türe weit auf! Es ist kein Geheimnis, dass an manchen Tagen der Erzbischof in Salzburg selbst die Tür für die Gäste öffnet – und das ist für beide Seiten immer wieder eine besondere Freude. Mit dieser offenen Tür wurde Samuel empfangen. Seine Mutter hatte Gott angefleht, ihr ein Kind zu schicken. Samuel hatte eine geglückte Kindheit, weil er ersehnt und willkommen geheißen wurde. Wir kennen ein Ehepaar in Tirol, das sich, weil sie keine Kinder bekommen konnten, um eine Adoption beworben hatte. Die Wartezeit war lange und als sie die Nachricht „Dieses Baby, ein Mädchen, wird euer Kind sein" ereilte, war die Freude so groß. Samuel hatte eine geglückte Kindheit, weil er von ganzem Herzen willkommen geheißen wurde.

Samuel – ein zweiter Punkt – hatte auch deswegen eine geglückte Kindheit, weil er entwöhnt wurde. Hanna verspricht es, den Knaben in den Tempel zu geben, sobald er entwöhnt wurde (1 Sam 1,22). Das mag wie ein kleiner Punkt anmuten, geht aber doch in die Tiefe: Samuel hatte eine geglückte Kindheit, weil seine Eltern darauf hinarbeiteten, ihn zu entwöhnen. Seine Eltern wollten ihn nicht in der Abhängigkeit eines wehrlosen Kindes lassen, sondern ließen das Kind wachsen; wir könnten auch sagen: Samuel hatte eine geglückte Kindheit, weil seine Eltern ihn nicht verwöhnten, sondern entwöhnten. Es ist auffallend, dass im Buch Genesis die Entwöhnung des lang ersehnten Sohnes Isaak mit einem Festmahl gefeiert wird (Gen 21,8). Es ist auffallend, dass im Korintherbrief und auch im Hebräerbrief die Rede davon ist, dass es auch im geistigen und geistlichen Leben darum geht, entwöhnt zu werden: „Als ich ein Kind war, redete ich wie ein Kind, dachte wie ein Kind, und urteilte wie ein Kind. Als ich ein Mann wurde, legte ich ab, was Kind an mir war", schreibt der heilige Paulus (1 Kor 13,11). Kindsein ist auch ein Weg des Loslassens; Samuel hatte eine geglückte Kindheit, weil seine Eltern ihn darin begleiteten, abzulegen, was kindhaft war an ihm. Noch deutlicher wird der Zusammenhang zwischen Reifen und Entwöhnen im Hebräerbrief: „Jeder, der noch mit Milch genährt wird, ist unfähig, richtiges Reden zu verstehen; er ist ja ein unmündiges Kind; feste Speise aber ist für Erwachsene, deren Sinne durch Gewöhnung geübt sind, Gut und Böse zu unterscheiden" (Hebr 5,13). Eine geglückte Kindheit ist Teil eines größeren Weges, der die Abhängigkeiten der Kindheit überwindet; der das, was zugemutet werden kann, wachsen lässt. Reife hat mit Zumuten zu tun – einem reifen Menschen kann mehr zugemutet werden; eine geglückte Kindheit bereitet auf diese Reife vor. Samuel hatte eine geglückte Kindheit, weil er auf den Weg der Entwöhnung geführt wurde.

Mit dem Entwöhnen hängt ein Punkt zusammen, der für viele Eltern schmerzhaft ist – das Loslassen des Kindes. Hanna bringt ihren Sohn in den Tempel und stellt fest: „Er soll für sein ganzes Leben ein vom Herrn Zurückgeforderter sein" (1 Sam 1,28). Das ist ein tiefer

Gedanke: Hanna ist bereit, im Leben des Sohnes an die zweite Stelle zu treten und Gott die erste Stelle zu überlassen; Hanna hat ihre Dankbarkeit, dass ihr ein Kind geschenkt wurde, nicht abgestreift; sie weiß sich in der Rolle der Beschenkten und Begnadeten. Hanna sagt „Ja" zu dem Umstand, dass von anderer Seite Forderungen an ihren Sohn herangetragen werden; dass Gott und die Menschen den Dienst ihres Sohnes auch fordern. Samuel hatte eine geglückte Kindheit, weil er darin gefördert wurde, den Grund allen Seins zur Mitte des eigenen Lebens zu machen. Es ist nicht selbstverständlich, dass Kinder eingeladen werden, Raum für das Wesentliche zu schaffen, im eigenen Leben und durch das eigene Leben. Das macht eine geglückte Kindheit aus. Samuels Eltern stellten ihr Leben in einen größeren Zusammenhang, sie lebten nicht für sich. Samuels Eltern lebten aus dem Bewusstsein der Angewiesenheit auf höhere Mächte. Sie ließen sich vom Priester segnen (1 Sam 2,20) und drückten auf diese Weise ihre feste Überzeugung aus, dass sie ihr Leben in einem gottgefügten Rahmen lebten. Dadurch vermittelten sie ihrem Sohn einen Sinn für die Weite und Tiefe des Lebens. Samuel hatte eine geglückte Kindheit, weil er „von guten Mächten wunderbar geborgen" war und seine Eltern dies durch das Zeugnis ihres Lebens zeigten.

Samuel hatte auch deswegen eine geglückte Kindheit, weil seine Kindheit durch Rituale, Regelmäßigkeit und die feste Sorge seiner Eltern geprägt war. Im Buch Samuel wird geschildert, dass seine Eltern das jährliche Opfer darbrachten, ihr Leben also durch Rituale strukturiert hatten (1 Sam 2,19). Auch dadurch wird ausgedrückt, dass unser Leben Teil eines größeren Ganzen ist. Die Regelmäßigkeit zeigt auch die Verlässlichkeit der Sorge der Eltern; Liebe kann unter anderem mit „starker Sorge um das Wohlergehen des geliebten Menschen" beschrieben werden. Samuel hatte eine geglückte Kindheit, weil ihm seine Eltern mit diesem Sinn für starke Sorge begegneten. Die Idee, Liebe als starke Sorge zu charakterisieren, hat auch den Vorteil, dass Liebe zwischen Menschen nicht einfach nur als eine Gefühlsangelegenheit aufgefasst wird, sondern auch als eine Frage des Willens: Eltern können sich dafür entscheiden, Sorge für ihre Kinder zu übernehmen und an dieser Haltung auch festzuhalten, wenn das Gefühlsband zwischen Eltern und Kindern (etwa in schwierigen Zeiten der Pubertät) nicht so innig ist. Samuel hatte eine geglückte Kindheit, weil seine Eltern ihn im Sinne einer starken Sorge liebten.

Diese Sorgepflicht für Samuel übernahm, nachdem Samuel in den Tempel übersiedelt war, der Priester Eli. Er trug zum Entwöhnen des Knaben bei: So konnte Samuel „beim Herrn heranwachsen" (1 Sam 2,21). Dieses Wachsen zeigt sich darin, dass Samuel an Gunst bei Gott und bei den Menschen zunahm (1 Sam 2,26). Er konnte also wachsen. Die geglückte Kindheit Samuels zeigte sich auch darin, dass er für anspruchsvolle Tätigkeiten herangezogen wurde. Studien über das Glück von Kindern weisen immer wieder darauf hin, dass es für Kinder glücksbringend ist, wenn sie zu anspruchsvollen Tätigkeiten eingeladen werden. Samuel wurde zum Dienst herangezogen, dabei aber nicht allein gelassen. Er versah den Dienst des Herrn unter der Aufsicht Elis (1 Sam 3,1). Samuel hatte eine geglückte Kindheit, weil er dienen durfte und musste, dabei aber begleitet und ermutigt wurde. Und so konnte er in ein Leben aus der Kraft der Verantwortung heranreifen.

Ähnliche Einsichten über eine geglückte Kindheit können wir auch einer Stelle aus dem Lukasevangelium entnehmen: In der bekannten Schilderung des zwölfjährigen Jesus im Tempel (Lk 2,41–52) finden wir Anhaltspunkte für das geglückte Heranreifen Jesu, der als zwölfjähriger Bub in der jüdischen Tradition schon an der Schwelle zum Erwachsenenalter stand. Jesus wurde von seinen Eltern in eine Tradition eingeführt und nahm an der jährlichen Reise zum Paschafest nach Jerusalem teil. So wurde er behütet von Rhythmus und Regelmäßigkeit und dem Wissen um größere Zugehörigkeit. Auffallend ist an der Stelle, dass Jesu Eltern ihren Sohn nicht sofort suchen. Jesus wird von seinen Eltern erst nach einer ganzen Tagesreise des Pilgerzuges vermisst – und zwar deswegen, weil Jesus in einer Gemeinschaft aufwuchs und nicht nur von seinen Eltern erzogen wurde. „Es bedarf eines Dorfes, um ein Kind großzuziehen“, besagt ein afrikanisches Sprichwort. Und in diesem Sinne war die Kindheit Jesu gestaltet. Jesus hatte eine geglückte Kindheit, weil er nicht allein von seinen Eltern erzogen wurde. Und dann: Jesu Kindheit war glücklich, weil ihn seine Eltern liebten. Sie durchbrachen ihre Pläne, kehrten um des Kindes willen wieder um und reisten nach Jerusalem zurück.

Dort suchten sie ihr Kind drei Tage lang – das ist jene Zeitdauer, die Jesus im Reich des Todes verbrachte. Und dann machten sie die beglückende Erfahrung des Findens („der Auferstehung") und hier stoßen wir auf einen Kernsatz: „Jesus saß mitten unter den Lehrern, hörte ihnen zu und stellte Fragen" (Lk 2,46). Jesus, so könnten wir sagen, hatte eine geglückte Kindheit, weil er im Zentrum sein konnte, Mitte beanspruchen durfte (er saß „mitten unter den Lehrern"), nicht an den Rand gedrängt wurde. Er durfte eine zentrale Rolle spielen. Und er machte die Erfahrung des Zuhörens. Es ist leicht, einem Lehrer zuzuhören, wenn dieser Lehrer etwas zu sagen hat, etwas zu erzählen weiß. Jesus hatte eine geglückte Kindheit, weil er auf Lehrer traf, denen er zuhören konnte. Jesus wurde, so sehen wir, von Erwachsenen auf seinem Weg begleitet, von reifen Menschen, die auch bereit waren, Verantwortung zu tragen. Kinder haben, so könnten wir sagen, ein Recht darauf, Erwachsenen zu begegnen. Das ist vielleicht weniger selbstverständlich, als wir annehmen wollen. Rowan Williams, der Erzbischof von Canterbury, hat beklagt, dass viele Kinder um die Kindheit betrogen und sehr rasch in eine Jugendlichkeit hineingedrängt werden, während sich gleichzeitig viele Erwachsene weigern, wirklich reif, verantwortungsvoll und erwachsen zu werden. So entsteht eine Gesellschaft, in der „halbe Kinder" und „halbe Erwachsene" aufeinandertreffen. Kinder haben ein Recht darauf, begleitet und geleitet zu werden von Menschen, die ihrerseits mit Verantwortung und Reife im Leben stehen und deren „Ja" zum

Leben nicht nur die leichten Dinge und die Sonnentage betrifft. So lesen wir, dass Jesus seinen Eltern Gehorsam entgegenbrachte (Lk 2,51); er hörte ihnen zu; er brachte ihnen Achtung und Respekt, den Respekt des Hörens entgegen. Jesus hatte eine geglückte Kindheit, weil er auf Begleiter traf, denen er zuhören konnte, die etwas zu sagen hatten. Und: Er stellte Fragen. Jesus hatte eine geglückte Kindheit, weil er Fragen stellen durfte, weil er ernst genommen wurde, weil er in einer offenen Welt lebte, die er voll Interesse erkunden durfte. Jesus wurde auch von seinen Eltern ernst genommen. Berührt lesen wir an dieser Stelle: „Seine Mutter bewahrte alles, was geschehen war, in ihrem Herzen" (Lk 2,51). Maria nahm diese Erfahrungen ernst, sie dachte darüber nach, sie gaben ihr zu denken, sie waren Teil eines Schatzes von staunender Erinnerung. Maria war – ähnlich wie Hanna – bereit, im Leben Jesu nicht die Hauptrolle zu spielen, seinen Dienst an Gott an die erste Stelle zu setzen. Ja, Jesus hatte eine geglückte Kindheit, wenn man sich diese Verse ansieht.

Natürlich: Eine geglückte Kindheit kann nicht „hergestellt" werden wie ein Produkt in einer Fabrik. Aber wir haben viele Anhaltspunkte und so manches in der Hand, womit wir dazu beitragen können, damit unsere Kinder eine geglückte Kindheit erfahren dürfen. Es sagt viel über uns und unsere Gesellschaft aus, ob wir unseren Kindern ein geglücktes Aufwachsen ermöglichen können und wollen.

3. Gelingendes Wachstum

Das Leben hat Ordnungen. Es ist eine Ordnung des Lebens, dass Leben wächst und heranreift; es ist eine Ordnung des Lebens, dass ein Neuanfang das Beenden von etwas anderem einschließt und voraussetzt. Es ist eine Ordnung des Lebens, dass manches abnehmen muss, damit anderes wachsen kann. Das menschliche Leben ist eingebettet in solche Ordnungen – es ist eine Ordnung des Lebens, dass wir wachsen und uns wandeln müssen, um in unserem „Ja“ zum Leben bestehen zu können. Wir müssen an uns arbeiten und dürfen nicht stehen bleiben. Besonders im geistlichen Bereich ist es gefährlich, stehen bleiben zu wollen. Hunger nach Wachstum ist ein Geschenk; es lässt uns weitergehen und es lässt uns wieder aufstehen, wenn wir hingefallen sind. Es ist eine Kraft, die uns dazu drängt, an uns zu arbeiten. Wir wachsen nämlich nicht „von selbst“; Alter und Lebenserfahrung sind zwar gute Voraussetzungen für das innere Wachstum, aber keineswegs eine Garantie für Wachstum und innere Entwicklung. Es ist gefährlich, eine zentrale Funktion verdorren zu lassen – es ist, so könnten wir sagen, eine Wurzelsünde, sich nicht für die eigene Vertiefung und das eigene Wachstum anzustrengen. Vielleicht haben wir es hier mit einer Grundentscheidung zu tun, die wir Menschen treffen müssen. Es handelt sich um die Frage: Wollen wir uns entwickeln oder nicht? Wollen wir wachsen oder nicht? Wollen wir reifen oder nicht? Sind wir bereit, an uns zu arbeiten oder nicht?

Wenn wir uns für das Wachstum entscheiden, dann entscheiden wir uns dafür, zu wachsen und unserem Wachstum eine Richtung zu geben. Wir entscheiden uns also dafür, unser Wachstum zu „navigieren". Navigationssysteme sind heutzutage in vielen Autos zu finden. Sie weisen die schnellste oder die kürzeste Route aus, weisen auf Staus und Baustellen hin und geben an, wo sich das Fahrzeug gerade befindet. Wenn man vom Weg abweicht, stellt sich das Navigationssystem neu an und arbeitet mit den neuen Gegebenheiten. Dieses Wissen um den Standpunkt, die Route und das Ziel brauchen wir auch im persönlichen Leben. Wo stehen wir? Wo sind Baustellen? Wo stehen wir vor Hindernissen? Welchen Weg sollen wir wählen? Welches Ziel haben wir vor Augen? Diese Fragen stellen sich dann, wenn wir an uns arbeiten und nicht stehen bleiben wollen. Diese Fragen stellen sich, wenn wir die Reise unseres Lebens kraftvoll antreten, sozusagen selbst fahren und nicht einfach nur mitfahren. Ein reifer Mensch ist ein Mensch, der seine Route kennt, der seinen Weg geht, der sein Wachstum „navigiert".

Berühmte geistliche Werke wie etwa die *Philothea. Anleitung zum frommen Leben* des heiligen Franz von Sales sind solche Instrumente für die Navigation der menschlichen Reife. Franz von Sales (1567–1622), der für sein seelsorgliches Gespür berühmt geworden ist und als Bischof von Genf und Ordensgründer durch Predigten, Briefe und geistliche Gespräche weit gewirkt hat, war bemüht, allen Menschen einen „alltagstauglichen“ Weg zum tugendhaften Leben zu weisen. In diesem berühmten Werk der Anleitung zum frommen Leben aus dem Jahr 1609 gibt Franz von Sales Hinweise für das persönliche Wachstum von Menschen, die in einem gewöhnlichen Arbeitsalltag stehen. Er betont die Pflicht eines jeden Menschen, seine Charakterfehler zu reinigen und sich von dem zu lösen, was gefährlich oder unnütz sei. Hier wird also der menschliche Lebensweg als eine Reise beschrieben, in der man an sich arbeitet. Im dritten Teil gibt der Heilige Hinweise für das geordnete Tugendstreben, also die Ordnung des inneren Wachstums. Maßhalten, Redlichkeit und Demut sollen alle Handlungen prägen. Sie sind sozusagen die Grundpfeiler für ein Leben, das am Wachstum arbeitet. Dabei muss jeder Mensch seinen je eigenen Weg zum guten Leben finden und Schwerpunkte entsprechend seiner Lebenssituation setzen. Jeder Beruf verlangt besondere Tugenden, um die man sich dann besonders bemühen muss. Eine Lehrerin braucht andere Tugenden als ein Landwirt, eine Ärztin andere Tugenden als ein Rechtsanwalt. Hier ist es also anzuraten, auf das eigene Leben zu blicken und sich die Frage zu stellen – welche Tugenden sind in meiner Lebenssituation besonders wichtig und welche Charakterfehler stehen dieser meiner Situation am meisten entgegen?

So ist es auch wichtig, die eigenen Schwächen gut zu kennen und zu wissen, welcher Charakterfehler – Jähzorn oder Ungeduld oder Trägheit oder vielleicht Hochmut? – der Aufmerksamkeit bedarf. Das soll jetzt nicht das Bild eines sauren und kargen Lebens zeichnen, das sozusagen einer ständigen Diät gleicht – der Lebensweg soll mit Milde auch gegenüber sich selbst und mit Maß, wie wir gesehen haben, beschritten werden; aber eben doch auch mit einer Ernsthaftigkeit. Es ist ja auch ein Zeichen dafür, dass man sich und das eigene Leben ernst nimmt, wenn man bereit ist, an sich zu arbeiten. Franz von Sales möchte auch klarmachen, dass es wirklich nicht unmachbar ist, am eigenen Charakter zu arbeiten: Er beruft sich auf Gregor von Nazianz, der einmal gesagt hat, dass manche Menschen durch die Übung einer einzigen Tugend den Gipfel des Tugendlebens erklommen haben. Die Sprache klingt vielleicht ein wenig fremd, aber die Idee ist einleuchtend: Die Tugenden sind ja miteinander verbunden; wenn man in einer Tugend – etwa der Geduld – Fortschritte macht, entwickeln sich auch die anderen Tugenden. Das ist also nicht so wie bei einer einseitigen Belastung bestimmter Muskeln – wenn man nur Liegestützen macht, sich aber sonst nicht bewegt, führt das zu einer Einseitigkeit. Wenn man freilich die Geduld übt, wird das andere Tugenden nach sich ziehen. Im fünften Teil seiner Anleitung zum frommen Leben lädt Franz von Sales dazu ein, den Fortschritt in der Charakterbildung zu prüfen – wenn ich etwa weiß, dass ich zu Jähzorn neige, kann ich mich auf Situationen, in denen ich gefährdet bin, entsprechend vorbereiten (ich kann mir etwa, wenn ich ins Auto steige, besonders vornehmen, mich nicht im Verkehrsgeschehen aufzureiben und aufzuregen!); und am Ende eines Tages kann ich mir überlegen, ob ich mich in bestimmten Situationen schon verbessert habe und vielleicht die Beherrschung bewahren konnte. Wichtig ist es nach Franz von Sales auch, die eigenen Entschlüsse, am Charakter zu arbeiten, immer wieder zu erneuern; sich also immer wieder bewusst und klar und ausdrücklich für den Weg der Charakterbildung und der „Navigation des eigenen Wachstums" zu entscheiden.

Wieder sehen wir: Es handelt es sich um eine Entscheidung, die wir einmal treffen: Will ich an meinem Charakter arbeiten? Will ich das Geschenk des Lebens auch wirklich ehren? Ein Geschenk bringt ja auch Verpflichtungen mit sich; wenn ich eine Leinwand geschenkt bekomme, bringt das die Erwartung mit sich, damit auch zu arbeiten. Wenn wir das Leben als Geschenk sehen, dann bringt es doch auch die Verpflichtung mit sich, „etwas daraus zu machen", mit diesem Geschenk zu arbeiten. Im Äußeren wie im Inneren. Es geht um eine Grundentscheidung – die Grundentscheidung, die Gestaltung auch des eigenen „inneren Menschen" in die Hand zu nehmen und zu gestalten; sich nicht treiben zu lassen und das eigene Wachstum auch zu suchen und zu fördern. Dann wird das Leben gerade nicht zu einer engen Angelegenheit, sondern weit und geradezu abenteuerlich. Es ist ja ein Abenteuer, am eigenen „Inneren" zu arbeiten. Es ist ein Abenteuer, „Expeditionen" ins eigene Innere zu unternehmen, sorgsam darauf zu achten, was wir in uns selbst entdecken, an Wünschen und an Kräften.

Von welchen Wünschen werden wir bewegt? Angenommen, Sie bekommen das Angebot, dass Ihnen alle Wünsche erfüllt werden. Und angenommen, Sie wünschen sich, dass alle Ihre Wünsche in Erfüllung gehen. Was würde geschehen? In einem jüngst erschienenen Roman wurde diese Frage aufgeworfen. Die Ehefrau des Mannes stirbt. Hat er sich das wahrhaft gewünscht? Worin bestehen sie, unsere Wünsche? Wissen wir, um ein Wort Frithjof Bergmanns zu gebrauchen, was wir „wirklich wirklich wollen"? Wie können wir unsere Wünsche kennen lernen und beherrschen? Das ist eine Schlüsselfrage unseres inneren Wachstums. Erinnern wir uns an die in der Einleitung beschriebene Betonung der Beherrschung der Strebekraft nach Johannes vom Kreuz in seinem *Aufstieg auf den Berg Karmel*: Unsere Wünsche und Strebungen ermüden und erschöpfen uns, „denn sie sind wie unruhige, unleidliche kleine Kinder, die ihrer Mutter ständig mit etwas anderem kommen und sich nie zufriedengeben. Und so wie sich derjenige abmüht und erschöpft, der versessen nach einem Schatz gräbt, so müht sich der Mensch ab und erschöpft sich, um das zu erreichen, was seine Strebungen von ihm verlangen" (I,6,6). Es ist ein Zeichen von Wachstum, wenn wir unsere Wünsche erkennen. Es ist ein Zeichen von Wachstum, wenn wir uns nicht mehr von unseren Wünschen treiben lassen. Die Navigation des Wachstums hat wesentlich mit der Navigation unserer Wünsche zu tun. Wir sind unseren Wünschen schließlich nicht wehrlos ausgeliefert.

Das Schöne am inneren Wachstum ist die Tatsache, dass wir so viel beitragen können, allein dadurch, dass wir bereit sind, zu wachsen und dementsprechend bereit, an uns zu arbeiten. In seinem berühmten *Geistlichen Tagebuch* hat Angelo Giuseppe Roncalli, der spätere Papst Johannes XXIII., ausgedrückt, wie er sich um die Hingabe an Gott, um das Hineinreifen in den Willen Gottes, um die Nähe zum Heiligsten des Lebens, bemüht. Im Jahr 1895, im ersten Jahr seiner Zeit im Seminar in Bergamo, schreibt der vierzehnjährige Seminarist Lebensregeln nieder, die er sich selbst auf der Grundlage der geistlichen Regeln, die er wohl von seinem Spiritual erhalten hat, geben will. Im Laufe seines Lebens hat er immer wieder Bezug auf diese Regeln genommen. Hier sprechen der Ernst der Lebensführung und der Wille zu einer „Navigation des eigenen Wachstums". Diese Regeln sind deutlicher Ausdruck dafür, dass sich Angelo Roncalli in seinem inneren Leben nicht einfach treiben lassen möchte. Er möchte wachsen. Wie? Jeden Tag möchte er mit einer Viertelstunde im stillen Gebet beginnen. Jeden Tag möchte er eine Viertelstunde geistliche Lesung halten. Jeden Tag möchte er eine Gewissenserforschung durchführen. Aus diesem Grund muss ein Tag auch gut eingeteilt werden. Immer wieder will er während des Tages den Geist zu Gott erheben, „mit kurzen, aber andächtigen Stoßgebeten". Die Lebensregeln betonen die Bedeutung des Fastens und der Beichte, die Bedeutung tiefer

Gespräche über gute und geistliche Dinge, die Bedeutung der inneren Einkehr und der geistlichen Begleitung. Besonderen Stellenwert hat die Pflege der Demut. So gibt sich der junge Seminarist einen geistlichen „Lebensplan", der sein inneres Wachstum anleitet.

Diese Einladung zum inneren Wachstum richtet sich nicht nur an Menschen im geistlichen Stand. Jesus hat alle Menschen in seine Nachfolge gerufen, und die Nachfolge Jesu ist vor allem auch die Einladung zu einem inneren Werk. Dieser innere Weg zeigt sich ja deutlich in der Bergpredigt: Jesus verurteilt nicht erst den äußeren Ehebruch, sondern die innere Einstellung: „Wer eine Frau auch nur lüstern ansieht, hat in seinem Herzen schon Ehebruch mit ihr begangen" (Mt 5,27). Hier wird eine innere, unsichtbare Dimension angesprochen, die Ebene der Einstellungen und Wünsche – die Ebene, auf der wir an uns arbeiten. Persönliches Wachstum ist eine Frage der Lebensgestaltung, die mit Entscheidungen und Konsequenz zu tun hat. Dies können wir deutlich machen an einem berühmten Brief des heiligen Ignatius von Loyola vom 7. Mai 1547 an seine Jesuiten-Mitbrüder in Coimbra in Portugal. Ignatius, der ja fast siebentausend Briefe im Laufe seines Lebens verfasst hat und in diesen Briefen immer wieder Rat und Weisung gegeben und auf diese Weise auch die Anfänge der Gesellschaft Jesu geleitet und begleitet hat. Die Gesellschaft Jesu war in Portugal rasch gewachsen und Fragen der inneren Reife wurden entsprechend dringlich. Der damalige Provinzobere förderte öffentliche und wohl auch strenge Bußübungen, was zu Widerstand in der Provinz führte. Ignatius wurde gebeten, klärend einzugreifen. Auf diesem Hintergrund ist dieser Brief entstanden. Ignatius beruft sich in seiner Einleitung auf Mt 5,48 und die dort ausgesprochene Einladung Jesu: „Seid vollkommen, wie euer himmlischer Vater vollkommen ist." Das ist eine deutliche Einladung, den Weg des inneren Wachstums immer weiterzugehen. Wer diesen Weg geht, strahlt aus – Ignatius spricht in Anspielung auf 2 Kor 2,15 (wo es heißt: „Wir sind Christi Wohlgeruch für Gott") vom „Geruch", der ausgeprägt wird. Die Einladung zum Wachstum ist nicht als „Sport" zu verstehen, in dem man durch eigene Kräfte und hartes Training weiterkommen kann. Nein, inneres Wachstum hat mit einer Haltung der Demut und mit einem Verlangen nach Gnade zu tun, und damit mit der Bereitschaft, sich beschenken zu lassen, sich formen zu lassen und auch zu empfangen. Das geistliche Leben ist kein Leistungssport. Es gibt auch hier den verfehlten Ehrgeiz, „schneller, weiter, höher" zu laufen als andere. Es geht nicht um diesen Wettkampf – es geht darum, auf die je eigene Berufung zu schauen. Gleichzeitig betont Ignatius die Notwendigkeit, sich anzustrengen und sich nicht gehen zu lassen – Schlaffheit, Lauheit und Überdruss am Studium werden von Ignatius als Hindernisse auf dem Weg zum inneren Wachstum genannt. Ein Unwille gegen die geistige Anstrengung, gegen das Dazulernen, ein Unwille auch, an sich zu arbeiten, sind gefährlich. Dazu kommt ein tiefer Gedanke: Die Nachlässigen gelangen spät oder niemals zum Frieden der Seele, weil sie nicht gegen sich kämpfen. Diesen Gedanken wiederholt Ignatius: Friede der Seele ist ein Geschenk, das sich bei denen einstellt, die sich anstrengen. Einem Menschen, dem die Kraft und auch die Motivation fehlen, fällt jeder Schritt schwer. Gewissermaßen: Ein Mensch, der wenig tut, wird auch das Wenige mit Mühe leisten. So schreibt Ignatius: „Die Erfahrung zeigt, dass die Zufriedenheit, die man in diesem Leben haben kann, sich nicht bei den Schlaffen findet, sondern bei denen, die voll Eifer im Dienst Gottes sind." Dahinter steht das Gesetz, dass Menschen, die an sich arbeiten, auch dasjenige zu überwinden suchen, das sie schwächt – darunter fallen Neid und Gier, Unzufriedenheit, Verbitterung, Jähzorn oder auch Stolz. Die „sieben Todsünden" kann man auch als Gegen-Kräfte verstehen, die einem erfüllten und glücklichen Leben entgegenstehen. Menschen, die stets mit Verdruss leben, stehen sich selbst im Wege. Ein Schlüssel zum „Ja zum Leben", das Verbitterung und Verdruss entgegensteht, ist die Dankbarkeit. In einem Brief an Simão Rodrigues vom März 1542 hatte Ignatius betont, dass die Undankbarkeit abscheulich und gefährlich sei für das geistliche Leben. Diese Einsicht deckt sich mit der so genannten „positiven Psychologie", die die Dankbarkeit als eine der wichtigsten Quellen für innere Kraft erkannt hat. Dankbarkeit – auf das schauen, was geschenkt und intakt ist – ist eine Frage des Blicks und der Einstellung.

Freilich – auch in geistlichen Dingen gilt das Maß. Geistliche Krankheiten, so führt Ignatius in seinem

Brief an die portugiesischen Jesuiten aus, rühren nicht nur von der Lauheit, sondern auch vom Übereifer her. Es gibt auch im Geistlichen ein ungeordnetes Streben nach Fortschritt und Wachstum. Man darf hier nicht mit Eile und Hast vorgehen – so bemerkt er im Brief an die Gemeinschaft in Coimbra feinsinnig: „Was man mit zu großer Eile gewinnt, pflegt nicht erhalten zu werden." Ungeordnet ist das Streben nach Wachstum auch, wenn es zu viel erreichen will, wenn man sich selbst zu große Lasten auflegt (Ignatius spricht hier von der Gefahr, das Schiff zu voll zu beladen). Zum inneren Wachstum ist Klugheit notwendig, um nicht in Extreme zu verfallen. Deswegen ist es notwendig, auch das Gespräch über den eigenen inneren Weg zu suchen und zu pflegen. Auch das geistliche Leben ist ein Leben aus der Mitte, das weder Lauheit noch übertriebenen Eifer kennt. Diesen Aufruf zur Mäßigung und zum Maßhalten in geistlichen Dingen hat Ignatius in einem Brief in seinem Todesjahr 1556 noch einmal wiederholt: „In den Dingen, die zu tun sind, auch in den frommen, ist Maßhalten erforderlich, damit die Mühen dauern können, was unmöglich wäre, wenn sie übermäßig sind", lässt Ignatius über seinen Sekretär Juan de Polanco ausrichten. Auch das innere Wachstum ist angewiesen auf inneres Gleichgewicht. Diesen Aufruf zur Mäßigung wollen wir eigens hervorheben – er erreicht uns immer wieder in der geistlichen Tradition. Don Bosco beispielsweise war auch gegen Übertreibungen und gegen Extravagantes. Er sah darin eine Gefahr für die innere Ordnung. Aus diesem Grund hat er auch seinen jungen Weggefährten Dominikus Savio in seinem jugendlichen Eifer gebremst und dessen Frömmigkeitsübungen auf ein gesundes Maß zurückgeführt – auf ein Maß, das inneres Wachstum ermöglicht und auf Dauer durchzuhalten ist.

Aus diesem Brief des heiligen Ignatius von Loyola sehen wir, dass Reife nicht durch übertriebene Übungen erzwungen werden kann, dass man sich aber um sie mühen muss mit Konsequenz und einem maßvollen Eifer. Reife kann man als die Suche nach einem inneren Gleichgewicht ansehen. Diese Suche kann man vielleicht anschaulich mit der Suche nach dem Idealgewicht und dem Umgang mit dem täglichen Brot vergleichen. So wie der Körper, so braucht auch die Seele Nahrung. Die Seele soll nicht Pölster von Trägheit und Unbeweglichkeit ansetzen; sie soll nicht geschädigt werden durch übertriebene Härte, übertriebene Übungen, übertriebenen Ehrgeiz; sie soll nicht vergraben werden unter emsiger Oberflächlichkeit oder erstarren in wenig lebendiger Routine. Der bekannte christliche Arzt M. O. Bruker hat in seinen Überlegungen zum Idealgewicht darauf hingewiesen, dass Übergewicht eher mit einem „Zuwenig an rechter Nahrung“ als mit einem „Zuviel“ zusammenhängt. Übergewicht muss durch die Umstellung der Ernährungsweise reduziert werden und eine Umstellung der Ernährungsweise ist immer auch eine Umstellung der Lebensweise. Diese Umstellung wiederum soll in einer menschenfreundlichen Weise erfolgen, realistisch und lebbar. Es hat wenig Sinn, sich einer strengen Diät zu unterziehen, die eine kurze Zeit durchgehalten werden kann, um dann in die alten Gewohnheiten zu verfallen. Eine Minderung der Lebensfreude nimmt ja auch die Kraft für schwierige Vorhaben – wie es die Umstellung des Lebens nun einmal ist. Großzügigkeit und Milde sind in der Regel deswegen nicht fehl am Platz, wenn man langfristig denkt und dauerhafte Veränderungen erzielen möchte. Die Folgen von Fehlernährung können nicht kurzfristig und rasch ausgeglichen werden; die Konsequenzen unangemessener Ernährung stellen sich ja auch nicht sofort ein, sondern meist erst nach Jahrzehnten. Man muss aber auch jeden einzelnen Menschen als einen besonderen Menschen sehen, der sein je eigenes Idealgewicht hat, in Abstimmung mit Körperbau und Arbeitsalltag.

Diese Überlegungen kann man auch auf die Nahrung der Seele übertragen. Wenn die Seele falsch, einseitig oder unregelmäßig ernährt wird, zeigt sich die Frucht dieser Fehlernährung nach Jahren – dann aber umso tiefer. Aus diesem Grund ist die Frage nach der rechten Ernährung der Seele eine Schlüsselfrage im Zusammenhang mit dem reifen Menschen, der vielleicht schon in der Mitte der zweiten Lebenshälfte steht. Und hier sieht man auch deutlich, dass die Suche nach Reife so früh wie nur möglich beginnen soll, nicht als Aufgabe für den letzten Lebensabschnitt abgetan werden darf; denn es gilt im sichtbaren (sozialen und leibhaften) wie im unsichtbaren (seelischen und geistigen) Leben das Gesetz: Wir ernten, was wir säen. Und deswegen ist es wichtig, sich früh Gedanken zu machen über das, was uns krank machen kann, innerlich wie äußerlich, wenn wir uns bestimmte Gewohnheiten zu eigen machen. In der Literatur der Kirchenväter werden immer wieder Nahrungsmittel für die Seele genannt – wir könnten von „fünf Grundnahrungsmitteln für die Seele“ sprechen: Ruhe; Regelmäßigkeit; Schönheit durch Natur und Kunst; geistliches Brot durch Gebet, Meditation und Lektüre; Freundschaft mit Menschen und Freundschaft mit Gott.

1. Ruhe – das ist die Bedeutung des Schweigens und der Stille. Das Innere ist ein Gut, das behütet und geschützt werden muss, und dieser Schutz bezieht sich auch auf den Schutz vor Lärm und Unruhe.

2. Regelmäßigkeit: Die Seele will atmen, in einem Rhythmus atmen, will sich festhalten an Wiederkehrendem. Das Innere kann wachsen, wenn das Äußere geordnet ist. Palladius von Helenopolis beschreibt in seiner *Historia Lausiaca* Beispiele für die Kultur der Ruhe und der Regelmäßigkeit. Die Einsiedlerin Alexandra etwa antwortet auf die Frage, ob ihr denn die Einsamkeit nicht zur Last werde, mit einem klaren Hinweis: „Ich bete vom frühen Morgen zu jeder Stunde bis zur neunten und spinne Leinwand, mache während der anderen Zeit im Geiste die Runde bei den heiligen Patriarchen, Propheten, Aposteln und Märtyrern und esse dann mein Stücklein Brot“ (Palladius, Leben der Väter, 5). Auf diese Weise wird mit einem Tagesplan, einem Rhythmus und einer gepflegten Regelmäßigkeit die Arbeit an der Innerlichkeit strukturiert. So wirkt das Äußere nach innen.

3. Das dritte Grundnahrungsmittel für die Seele ist die Schönheit – die Seele wird aufgebaut durch die Schönheit der Natur, die Schönheit der Musik. Äußere Erfahrungen hinterlassen Spuren in der Seele und wenn Schönheit in die Seele dringt, wird auch die Seele innerlich geformt. So könnten wir uns auch fragen, ob wir unserer Seele genügend Schönheit schenken. Der italienische Journalist Tiziano Terzani hat die Bedeutung der Schönheit erkannt – nicht zuletzt deswegen, weil er als Korrespondent jahrzehntelang in Asien mit seiner prachtvollen Natur gearbeitet hat. Diese Nähe zur Schönheit hat Terzani bewusst gesucht, nachdem bei ihm eine Krebserkrankung diagnostiziert worden war. In seinem berührenden Buch *Noch eine Runde auf dem Karussell* schildert er die Bedeutung der Naturschönheit für seine Heilung – die tägliche Begegnung mit dem Ozean wurde zu einem täglichen Ritual. Terzani gewinnt überdies Kraft aus Schönheit der Kunst. Er schreibt: „Kunst tröstet uns, erhebt uns, gibt uns Orientierung. Kunst heilt uns. Wir sind nicht nur das, was wir essen, und die Luft, die wir atmen. Wir sind auch die Geschichten, die wir gehört haben, die Märchen, über denen wir als kleine Kinder eingeschlafen sind, die Bücher, die wir gelesen, die Musik, die wir gehört, und die Gefühle, die ein Gemälde, eine Statue, ein Gedicht in uns geweckt haben.“ Die Schönheit, der Natur und der Kunst, sie heilt – und sie nährt die Seele.

4. Das vierte Grundnahrungsmittel für die Seele ist das geistliche Brot – die rechte Lektüre (vor allem auch das Studium der Heiligen Schrift), das Gebet, die Me-

ditation. Dieses Brot wird in der Ruhe gereicht und dieses Brot ist auf Regelmäßigkeit angewiesen. Hier können wir uns auch fragen: Was lesen wir? Nehmen wir die Heilige Schrift jeden Tag zur Hand? Haben wir immer ein gutes Buch auf dem Nachttisch liegen? Man könnte ja auf den Gedanken kommen, dass die rechte Lektüre auch mit dem ganz fundamentalen Grundvollzug menschlichen Daseins, dem Schlafen, verbunden ist. Gutes Schlafen heißt ja nicht: ins Bett fallen, sondern da ist gerade die letzte Viertelstunde vor dem Moment, in dem wir das Licht löschen, von besonderem Wert. Hier wird die Seele in besonderer Weise genährt.

5. Das fünfte Grundnahrungsmittel für die Seele ist die Freundschaft: Freundschaft ist eine wunderbare Erfahrung. Freundschaft enthält ein Moment des *Wohlwollens*: Das Moment des Wohlwollens lässt „Ja" zum anderen sagen und schließt ein Moment der Freude, ein Moment der Wärme, ein Moment der Dankbarkeit und ein Moment der Sorge ein. Freundschaft enthält ein Moment der *Gemeinsamkeit*: Wir verbringen Zeit miteinander, unternehmen etwas gemeinsam, führen Gespräche, teilen Erinnerungen, machen gemeinsame Pläne für die Zukunft. Freundschaft enthält auch ein Moment der *Selbstlosigkeit*: Es äußert sich in einem Moment der Zurücknahme, in einem Moment der Achtung, in einem Moment der Aufmerksamkeit, in einem Moment der Treue. Freundschaft hat mit Respekt und Loyalität zu tun; Freunde können sich aufeinander verlassen. Und schließlich hat Freundschaft auch damit zu tun, „selbst ein besonderer Mensch" zu

sein, über Selbsterkenntnis und Selbstbewusstsein zu verfügen und im eigenen Leben zu stehen. Eine gewisse Mahnung zur Selbstliebe mag angebracht sein. Die Nächstenliebe krankt vielfach an der fehlenden oder ungenügenden Selbstannahme des Menschen. Freundschaft nährt und heilt da die Seele. Und wenn wir auf uns selbst achten – und die „Selbstsorge", die „Sorge um uns selbst" ist uns aufgetragen –, dann wollen wir auch darauf schauen, dass wir die Seele nicht verkümmern lassen. Wenn sie so genährt wird, dann kann sie wachsen.

Tiefe Einsichten in das innere Wachstum enthalten die Schriften von Johannes Cassian aus dem fünften Jahrhundert. Johannes Cassian lebte ca. 360 bis ca. 430/435, wurde in Marseille geboren und pilgerte als junger Mann nach Palästina, verbrachte dann einige Jahre in Klöstern Syriens, Ägyptens und Palästinas und sammelte die Weisheit der Mönche über die Wege zur inneren Reife. Um 420 verfasste er seine erste große Arbeit *De institutis coenobiorum,* in der er die Einsichten in das innere Wachstum der Mönchsgemeinschaften, die er besucht hatte, festhielt. Das Werk ist voll von tiefer Weisheit und gibt den Erkenntnisschatz vieler geistlicher Lehrer wieder. Wie kann man innerlich wachsen? Am Anfang steht wohl die Grundentscheidung, am eigenen Wachstum arbeiten zu wollen; dazu bedarf es der Bereitschaft, den „inneren Menschen" aufzubauen (Inst II,9) und dazu bedarf es der Wachsamkeit: Ein Mensch, der sich auf das Abenteuer des Reifens einlässt, muss gegenüber dem, was äußerlich geschieht, wie auch gegenüber dem, was er innerlich wahrnimmt, achtsam sein. Man muss großes Augenmerk auf die Ordnung des Inneren legen: Wenn das Innere geordnet ist, fügt sich das Äußere – wenn wir den inneren Feind bezwungen haben, brauchen wir keinen äußeren Feind mehr zu fürchten (Inst V,21); wer den eigenen Charakter gebessert hat, kommt mit allen gut aus (Inst IX,8). Grundlage für das rechte Leben ist die Gottesfurcht (Inst IV,43). Die Gottesfurcht ist die Einsicht in das menschliche Dasein als eines „Seins vor Gott". Gottesfurcht ist die Achtung vor dem Wesentlichen und Absoluten, angesichts dessen sich alles andere relativiert und seinen Wert in Bezug auf die Nähe zu Gott erhält. Die Grundfrage im geistlichen Leben lautet dann im Grunde: Bringt mich diese Erfahrung näher zu Gott? Klares Ziel des geistlichen Wachstums ist die Reinheit des Herzens (Inst V,15) – diese Reinheit des Herzens lässt uns mehr und mehr entdecken, dass wir von Sünde belastet sind (Inst XII,15). Es gilt dabei vor allem, das Herz von ungeordneten Wünschen zu reinigen. Es ist entscheidend, die eigenen Wünsche zu besiegen und zu erobern (Inst IV,8) – eine Einsicht, die wir ja auch bei Johannes vom Kreuz wiederfinden. Die Reinigung des Herzens und der Aufbau des inneren Wachstums verlangen nach Regelmäßigkeit und Maß: Wie auch Ignatius warnt Johannes Cassian vor übertriebenen und nicht auf Dauer durchzuhaltenden Frömmigkeitsübungen: Auf dem Weg zum inneren Wachstum muss man daher klug vorgehen. Es ist vernünftig, Hauptfehler zu erkennen (Inst V,1) und dann gezielt zu fragen, wo diese Hauptfehler bei mir anzutreffen sind (Inst V,2); auf diese Weise kann man Schwerpunkte in der Navigation des eigenen Wachstums setzen. Man kann und soll nicht alles auf einmal angehen, sondern sich ein klares Ziel setzen und an einer bestimmten Schwäche arbeiten. Auf dem Weg zum Wachstum muss man seinen je eigenen Weg finden – das Fastengebot etwa muss zum Beispiel dem individuellen Gewissensurteil unterworfen werden (Inst V,9). Es geht also einerseits um die Kenntnis der großen Hindernisse auf dem Weg zum inneren Wachstum – oder auch der „Krankheiten der Seele“ und dann um einen je individuellen „Therapieplan“. Auch dies ist ein geistliches Gesetz – es gibt nicht „den einen richtigen Weg“ zum geistlichen Wachstum, auch wenn wir allgemeine Gesetzmäßigkeiten ausweisen können. Entsprechend den äußeren wie inneren Lebensumständen müssen Menschen ihren eigenen Weg zum Wachstum finden. Dazu sind Selbsterkenntnis, die durch Aufmerksamkeit und regelmäßiges Reflektieren auf das eigene Leben genährt wird, und die geistliche Begleitung durch einen „Bergführer auf dem inneren Weg“ hilfreich.

Gerade weil es ihm um die Navigation des Wachstums geht, arbeitet Johannes Cassian – wie schon vor ihm der ägyptische Wüstenmönch Evagrius Ponticus – die Wurzelsünden als die Hauptfehler, die größten Gefahren für das innere Wachstum heraus. Versuchen wir einmal, Begriffe zu wählen, die weniger abschreckend und weniger fremd klingen. Sprechen wir vielleicht von den „Grundschwächen der Seele“. Denn das, was Johannes Cassian unter den Wurzelsünden versteht, sind Formen innerer Unordnung, die die Seele schwächen – und damit den Menschen. Es handelt sich um innere Mangelerscheinungen, die das „Ja“ zum Leben schwächen – und damit das Lebensglück eines Menschen. Es handelt sich um Schwächen, die dem Menschen Lebensfülle und Lebenskraft nehmen und damit die Seele mit Mangelerscheinungen und Verkümmerungen zurücklassen. In der christlichen Tradition wird von „Wurzelsünde“ gesprochen und damit ist eine Sünde gemeint, die weitere Sünden nach sich zieht. Ähnlich verhält es sich mit den Grundschwächen der Seele. Wenn du von einer Grundschwäche befallen bist, leidet die ganze Seele, denn diese Grundschwäche zieht andere mit sich und nach sich … Ein Haupthindernis auf dem Weg zum inneren Wachstum ist die Gier – die Unfähigkeit, sagen zu können: „Es ist genug“; die Unfähigkeit, Zufriedenheit und innere Ruhe zu erfahren. Die Habgier erobert die „lauwarme Seele“ und hat eine eigenartige Dynamik: je größer der Reichtum, desto größer die Habgier (Inst VII,7). Dies ist ein Phänomen, das tatsächlich beobachtet werden kann: „Mehr“ erzeugt „Hunger nach mehr“. Die Habgier kann in vielen verschiedenen Formen auftreten (als Gier nach Geld, als Gier nach Macht, als Gier nach Gunsterweisen Gottes, als Gier nach bestimmten Erlebnissen und Erfahrungen). Sie ist ein Hindernis für alle anderen Tugenden, weil man nie zur Zufriedenheit gelangt (Inst VII,8) – das Heilmittel dagegen ist die Kontrolle der Wünsche (Inst VII,21). Immer wieder kommen wir an diesen zentralen Punkt zurück: Der Schlüssel zum inneren Wachstum liegt in der Beherrschung der Wünsche; und die Wünsche wiederum bringen eine innere Unruhe mit sich, die uns keinen Frieden finden lässt. Ein Hindernis auf dem Weg zum inneren Wachstum ist auch der Zorn: Wer an Zorn leidet, kann kein klares Urteil fällen, sein Auge ist getrübt (Inst VIII,1); Zorn wühlt den Menschen von innen auf und kann inneren Fortschritt wieder zunichtemachen (Inst VIII,18). Ein Mensch, der zum Zorn neigt, wird aus dem Gleichgewicht geworfen und kann sich dann nur schwer beruhigen. In diesen Zeiten innerer Aufgewühltheit kann kein Wachstum erfolgen. Ein Hindernis neben Habgier und Zorn ist auch die Traurigkeit, die Erfahrung von Leere. Der Geist der Traurigkeit zerstört das Herz wie die Motte die Kleidung (Inst IX,2); Trauer ist oft das Resultat von früherem Zorn (Inst IX,4); Trauer ist auch ein Zeichen von lange anhaltender Nachlässigkeit (Inst IX,6). Das ist ein wichtiger Gedanke: Selbst wenn uns Trauer plötzlich überfällt, so ist sie doch Ausdruck einer Leere, die lange schon vorbereitet wurde. Mit der Trauer hängt die „Akedie" zusammen – die innere Trägheit; der Überdruss, der uns am Handeln hindert; sie ist besonders für Menschen, die in Einsamkeit leben, eine große Gefahr und Belastung; sie bringt Fernweh und die Verachtung des Hier und Jetzt mit sich; sie führt zur Unruhe und sie führt auch zur Neugierde und zum Interesse an Klatsch und Geschwätz, an „Neuigkeiten" – Menschen, die nicht arbeiten, sind stets unruhig. Entsprechend empfiehlt Johannes Cassian als Heilmittel gegen diesen Überdruss das Arbeiten mit eigener Hand (vgl. 1 Thess 4,9f). Auch hier findet sich ein tiefes geistliches Gesetz: Wer einmal der Akedie nachgibt, wird in der Folge immer stärker von ihr betroffen sein – es gilt, ihr Widerstand zu leisten, nicht wegzulaufen und nicht in die Zerstreuung zu fliehen. Streng klingt die Stimme des Johannes Cassian, wenn er schreibt: Ein Mensch, dessen Fundament schlecht ist – der sinkt vom Schlechten zum Schlechteren (Inst XII,26). Aus diesem Grund ist es so wichtig, „das Innere" in Ordnung zu halten; ein festes Fundament im eigenen Leben zu haben.

Halten wir fest: Die einzelnen Krankheiten der Seele wie auch die einzelnen Heilmittel dagegen sind miteinander verbunden; es geht um ein maßvolles Leben, das einen Weg des Wachstums beschreitet, in dem wir mit Maß und Ziel (und auch einer gewissen Milde!) mit den Schwächen unserer Seele umzugehen lernen.

4. Vom Glück, ein besonderer Mensch zu sein

Die menschliche Sprache ist ein Wunderwerk – tagtäglich werden Sätze gebildet, die noch nie zuvor in dieser Form gesprochen worden waren. Ein Wunder! Jeden Tag bauen Menschen Sätze, die sie selbst nie zuvor verwendet haben. Die Sprache hat so viele Entfaltungsmöglichkeiten – neben den Regeln hat jeder Mensch die Möglichkeit, einen ganz eigenen Stil zu entwickeln. Schiller drückt sich ganz anders aus als Goethe und es ist für Literaturwissenschafterinnen und Literaturwissenschafter möglich, anhand des Stils zu entscheiden, ob ein bestimmtes gefundenes Textfragment etwa von Shakespeare stammt oder nicht. Menschen entwickeln eine „Ausdruckspersönlichkeit", eine besondere Art, sich auszudrücken, fast so persönlich und unverwechselbar wie eine Handschrift. Ja, die menschliche Sprache ist ein Wunderwerk; und man kann wunderbare Dinge mit der Sprache tun. Es gibt zum Beispiel sprachliche Kunstwerke. Es gibt Bücher, in denen „jedes Wort sitzt". Albert Camus' schlanker Roman *Der Fremde* ist ein Beispiel für einen Text, in dem jedes Wort am richtigen Platz zu sein scheint; kein Wort zu viel und kein Wort zu wenig. Ludwig Wittgensteins *Logisch-Philosophische Abhandlung* ist auch ein Beispiel für ein Buch, in dem jeder Satz nummeriert ist, jeder Satz einen Platz im Gesamtgefüge hat. Die Sprache ist ein Wunderwerk – so wie die Schöpfung.

Vergleichen wir einmal die Schöpfung mit einem großen Buch und vergleichen wir die einzelnen Menschen mit den Wörtern einer Sprache. Das große Buch der Schöpfung kann nur geschrieben werden, weil jedes Wort am richtigen Platz sitzt; aus dem Zusammenspiel der einzelnen Wörter entsteht etwas Einzigartiges und Besonderes. Jedes Wort ist wichtig. Jeden Tag werden Wörter miteinander in einer Weise in Beziehung gesetzt, die vorher noch nie so zu sehen war. So könnten wir uns auch den Heilsplan Gottes vorstellen, von dem die englische Mystikerin Juliana von Norwich immer wieder gesagt hat: „Alles wird gut sein." Wir könnten uns den ganz großen Heilsplan Gottes vorstellen, der dann gelingt, wenn jeder Mensch seinen Platz einnimmt. Das große Buch der Geschichte des Heils wird dann ein vollendetes Buch sein, wenn jedes Wort an seinem Platz steht – und kein Wort überflüssig ist. Das ist ein schöner Gedanke, den wir zu denken wagen dürfen: Jeder Mensch ist Teil des großen Ganzen und jeder Mensch trägt zum Gelingen des Heilsplans bei. Jeder Mensch ist ein besonderer und einzigartiger Mensch. Es ist Teil eines gelingenden Lebens, aus der Gewissheit, einzigartig und besonders zu sein, schöpfen zu dürfen. Seinen „Platz im Leben" zu finden bedeutet, den Ort zu finden, den nur ich so einnehmen kann, einen Ort zu finden, an dem meine Gaben und die Umstände aufeinanderpassen.

Salzburg hat schon viele Erzbischöfe gesehen – heiligmäßige und mäßig Heilige. Jeder Erzbischof hat dieses Amt auf je eigene Weise ausgefüllt. Selbst wenn eineiige Zwillinge nacheinander das Erzbistum von Salzburg leiten würden, wären es je besondere Menschen mit einem eigenen Charisma, einem unverwechselbaren Stil. Diese Vielfalt der Menschen ist ein Wunderwerk! Durch diese Vielfalt kann Leben blühen. Der frühere Generalobere der Dominikaner, Timothy Radcliffe, hat einmal bei einem Vortrag den Umstand angesprochen, dass es in der Kirche so viele verschiedene Ordensgemeinschaften gibt – darunter ganz kleine. Manche Menschen (die vielleicht einen engen Bezug zum Wirtschaftsleben haben, in dem das Zusammenschließen von Betrieben etwas Alltägliches ist) wundern sich über diese Vielfalt und finden es eigentlich „unwirtschaftlich" und „unvernünftig", so viele kleine Gemeinschaften zu haben. Man könne doch diese vielen Gemeinschaften durch einen großen „Ordenskonzern" ersetzen, so wie die vielen kleinen Lebensmittelhändler in den Dörfern, die Greißler, durch große Supermarktketten abgelöst worden sind. Timothy Radcliffes Antwort: Man muss die einzelnen Ordensgemeinschaften nach dem Modell der ökologischen Nischen verstehen. Jede Gemeinschaft, und sei sie auch noch so klein, hat ein besonderes Charisma und eine besondere Aufgabe und deckt damit eine Nische ab, die sonst nicht besetzt werden würde. Und aus dieser Vielfalt entsteht ein „ökologisches Gleichgewicht“ und aus dieser Vielfalt entsteht blühendes Leben und in dieser Vielfalt können Menschen ihren je besonderen Berufungen folgen. Noch einmal: Es ist Teil eines gelingenden Lebens, ein besonderer Mensch sein zu dürfen.

Jeder Mensch ist einzigartig und einmalig; jeder Mensch hat ein einzigartiges Zusammenwirken von Fähigkeiten, Interessen, Beziehungen und Gelegenheiten. Das bedeutet dann auch, dass der Platz, den ein Mensch ausfüllt, nur von diesem Menschen in dieser Weise ausgefüllt werden darf. In der Weisheitsliteratur ist manchmal davon die Rede, dass ein Mensch, der ein Amt übernimmt, dies in der ihm je eigenen Weise tun sollte, sodass das Amt von der Persönlichkeit und weniger die Persönlichkeit vom Amt geprägt sei. Menschen sind verschieden – und in dieser Verschiedenheit lassen sich Ordnungen ausmachen. Das viel verwendete Enneagramm mit seinen neun Persönlichkeitstypen ist ein Beispiel für einen Hinweis auf die geordnete Vielfalt der menschlichen Persönlichkeiten. Im Enneagramm wird bekanntlich unterschieden: der Perfektionist; der Mensch, der gebraucht werden will und helfen möchte; der Erfolgsmensch; der Individualist, der anders ist; der Denker und Beobachter; der Mensch der Ordnung und Loyalität; der Genießer; der Machtmensch und der Mensch der Zufriedenheit. Keine Persönlichkeit ist „besser“, kein Mensch vertritt einen Typ in Reinkultur. Aber wir gewinnen Anhaltspunkte, in welche Ordnung die Stärken und Schwächen der Menschen mit ihren besonderen Veranlagungen gefasst werden können. Die Vielfalt des Menschseins tritt in Ordnungen auf: Wir könnten auch überlegen, ob die sieben Seligpreisungen in der Bergpredigt nicht auf sieben verschiedene Persönlichkeitstypen mit ihren jeweiligen Stärken und Handlungskräften hinweisen: diejenigen, die arm sein können vor Gott; die Trauernden; die Gewaltfreien; diejenigen, die nach Gerechtigkeit hungern und dürsten; die Barmherzigen; diejenigen, die reinen Herzens sind; die Friedensstifter. Wir sehen, dass hier einmal mehr das Sein und einmal mehr das Tun im Zentrum steht. Wir könnten auch überlegen, inwieweit in der bekannten Begebenheit von Maria und Marta, von der das Lukasevangelium berichtet (Lk 10,38–42), nicht auch zwei verschiedene Persönlichkeiten geschildert werden: Marta, die Handelnde und Sorgende, die das Leben in die Hand nimmt, arbeitet und gestaltet; Maria, die Empfangende und Hörende, die sich beschenken lässt und Ruhe an der Quelle findet. In den altchristlichen Auslegungen zu dieser Stelle wird hier manchmal von den beiden Lebensformen, dem „aktiven Leben" („vita activa") und dem „betrachtenden Leben" („vita contemplativa") gesprochen. Für jede dieser Lebensformen muss man im Einklang mit der eigenen Persönlichkeit berufen werden. Ähnlich kann man sich fragen, ob die so unterschiedlichen Persönlichkeiten des Petrus und des Johannes nicht für je besondere Charismen in der Nachfolge Jesu stehen; oder ob die beiden so unterschiedlichen Brüder Esau und Jakob im Buch Genesis (Gen 25–27) nicht für verschiedene Persönlichkeitsstrukturen stehen – Esau, der Wilde, Rohe und Geradlinige, der hart arbeitet und sich in der Natur zuhause fühlt; Jakob, der Feine, Häusliche und Listige, der den Umgang mit Menschen zu seiner Sache macht. Auf diese Weise könnten wir auf biblischer Grundlage Einsichten in die Ordnung in der Vielfalt sammeln.

Es ist ein ganz besonderes Glück, seinen Platz im Leben zu finden; einen Platz zu finden, der mit der eigenen Persönlichkeit und deren Struktur harmoniert. Wir können dies am Beispiel des heiligen Don Bosco verfolgen. Don Bosco (1815–1888) beschreibt in seinen berühmten *Erinnerungen an das Oratorium des hl. Franz von Sales* seine Lebensgeschichte von 1815 bis 1855. Es ist die Beschreibung seines Weges, der ihn seine Gaben erkennen ließ und der zum Aufbau der Jugendarbeit geführt hat. Don Bosco hat dieses Glück, ein besonderer Mensch zu sein, mit Freude erfahren und mit Demut getragen. Denn jede Gabe, die wir haben, ist gleichzeitig eine „Aufgabe". Sehr bald hat Don Bosco erkannt, wo seine Talente liegen – schon als zehnjähriger Bub begann er sich um Kinder zu kümmern – erzählte ihnen Geschichten, schlichtete Streit und betätigte sich als Seiltänzer, um die Kinder zu unterhalten. Don Bosco war sehr begabt, lernte sehr leicht und fand Menschen, die seinen Weg förderten. Das ist eine große Gnade, Menschen zu finden, die sich daran freuen, einen jungen Menschen zum Blühen zu bringen. Don Bosco beschreibt mit großer Dankbarkeit seine Wohltäter aus seiner Jugend, Don Calosso und Don

Caffasso, zwei Priester, die das große Talent des Buben erkannt hatten. Don Bosco setzte seine Talente – seine Beweglichkeit, seine Begabung für Zauberkunststücke, seine Erzählgabe – zur Förderung der Kinder ein. Er stellte seine Gaben in den Dienst und gerade dadurch konnten sie zur Entfaltung gelangen. Der Weg des Don Bosco ist ein schönes Beispiel für das Entdecken des je Eigenen: Schon vor seiner Priesterweihe wusste er, dass er den tiefen Wunsch hatte, Jugendliche zu begleiten und sich mitten unter ihnen aufzuhalten. Er erkannte diese Neigung in seinem Inneren – auch das ist ein Geschenk: sich selbst so zu kennen und auf sich selbst so zu hören, dass die innere Neigung deutlich wird. Beeindruckend ist auch die Art und Weise, wie Don Bosco mit der Zeit umging – im Seminar erkannte er die Wahrheit des Spruches: „Afflictis lentae, celeres gaudentibus horae" („den Traurigen vergehen die Stunden langsam, den Fröhlichen jedoch schnell") und so beschloss er, sich um Fröhlichkeit zu bemühen; er fügte sich in die Ordnung des Seminars ein und es machte bald keinen Unterschied mehr für ihn, ob die Glocke zum Studium, in die Kirche, in den Speisesaal, zur Freizeit oder zur Ruhe rief. Die Ferien („sie sind normalerweise für die Kleriker eine große Gefahr, vor allem dann, wenn sie wie damals viereinhalb Monate dauern", schreibt er) nützte Don Bosco mit handwerklichen Arbeiten: „Ich schneiderte Kleidungsstücke, schnitt und nähte Schuhe; ich arbeitete mit Eisen, mit Holz … Ich beschäftigte mich mit dem Mähen der Wiesen, oder mit Erntearbeit auf den Feldern, mit dem

Beschneiden und Ausputzen der Rebstöcke …" Kostbar ist die Zeit für Don Bosco geworden! Nach seiner Priesterweihe widmet er sich der Arbeit mit Jugendlichen; immer wieder stößt er auf Hindernisse und immer wieder sucht er das Wohl der Jugend, mit unerschütterlichem Gottvertrauen. Er erkannte, dass die jungen Menschen einen Ort brauchten, an dem sie unter Begleitung zusammenkommen konnten.

Don Bosco fand seinen Weg darin, junge Menschen auf ihrem Weg zu begleiten – auch ihnen das Glück der Erfahrung zu schenken, ein besonderer Mensch zu sein. Entscheidend dafür, den eigenen Weg zu finden, sind Begleitung und Ordnung. Don Bosco erzählt in seinen Erinnerungen von einer Einsicht, die er mit Blick auf haftentlassene junge Menschen hatte: „Wenn die jungen Menschen nach dem Verlassen des Orts ihrer Bestrafung eine hilfreiche Hand finden, die sich ihrer sorgend annimmt, mit ihnen an den Sonntagen zusammen ist, sich darum müht, für sie bei einem ordentlichen Meister Arbeit zu finden, und auch manchmal zu ihnen geht, sie dort zu besuchen, dann vergessen sie ihre Vergangenheit, werden gute Christen und rechtschaffene Bürger." Das sind Einsichten, die auch heute wertvoll sind. Don Bosco lebte diese Einsicht: „Der Sonntag war ganz dem Zusammensein mit meinen Jungen gewidmet. Während der Woche besuchte ich sie bei ihrer Arbeit in den Werkstätten und auf dem Bau. Das half den Jugendlichen sehr und es machte ihnen Mut, wenn sie sahen, dass sich ein Freund um sie kümmerte. Auch den Arbeitgebern gefiel das, und sie nahmen gern Jugendliche in ihre Obhut, die während der Woche betreut wurden und mehr noch an den Sonntagen, die Tage größerer Gefährdung sind." Menschen, die auf der Suche nach ihrem eigenen Weg sind, brauchen wohlwollend-sorgende Begleitung und eine äußere Ordnung. Die Gefahr der „Leere" und „Langeweile" (Sonntage als „Tage größerer Gefährdung …") muss vermieden werden. Don Bosco erkannte die Bedeutung der „ganzheitlichen Begleitung", wo gemeinsames Beten, gemeinsames Singen, gemeinsames Lernen, gemeinsames Spielen und Sporteln, gemeinsames Essen, gemeinsames Arbeiten eine Einheit bilden. Don Bosco erkannte auch, wie wichtig es ist, jungen Menschen Aufgaben zu übertragen und sie mit Verantwortung zu betrauen. Die Lebensgeschichte Don Boscos zeigt nicht nur, dass diese Einsichten wahr waren, sondern auch, dass Gottes Segen auf seinem Wirken lag – immer mehr Jugendliche kamen zu ihm und respektierten die Ordnung, die er ihnen setzte. Don Bosco hatte seine Talente so eingesetzt, dass sie Gott und den Menschen dienten, und gerade deswegen blieb er nicht allein, sondern die jungen Menschen strömten zu ihm und andere wollten ihm bei seinem Werk helfen. Don Boscos Weg ist ein schönes Beispiel für das gnadenhafte und anstrengende Glück, ein besonderer Mensch zu sein.

Die Suche nach der eigenen Identität ist eine Aufgabe, die Gabe und Auftrag zugleich ist. Die Suche nach einer gereiften und besonderen Persönlichkeit ist mit Abschieden und Anfängen verbunden. Die Suche nach menschlicher Identität kann man auch eindrucksvoll anhand der Geschichte des Volkes Israel mit Mose nachvollziehen – durch den Auszug aus Ägypten und den Weg durch die Wüste bis ins Gelobte Land wird auch ein Volk „erwachsen“ und „reif“. Die einzelnen Stationen dieser Reise kann man auch – in einer übertragenen Auslegung – auf den Lebensweg eines einzelnen Menschen übertragen: Am Anfang, so wird es zu Beginn des Buches Exodus beschrieben, steht die sichere, wenn auch unfreie Existenz in Ägypten. Hier herrschen Abhängigkeit und ein kleiner Spielraum. Das Volk konnte sich nicht entfalten, weil das ägyptische Volk Angst hatte und die Israeliten deswegen unterdrückte. Im zweiten Schritt – durch die Geburt und die Adoption Mose – geschieht etwas Unerwartetes, das die Kontrolle durchbricht. Auch das ist eine Ordnung des Lebens – es lässt sich nicht alles planen und gerade durch das Ungeplante geschieht Veränderung. Unmerklich wachsen die Kräfte für den Wandel. Mose muss aus Ägypten fliehen, weil er gewalttätig geworden ist, und lässt sich in Midian nieder. Am Gottesberg Horeb hat er die Erscheinung des brennenden Dornbusches. Das wird für Mose wie auch für das Volk zu einem lebensbestimmenden Moment – zu einem Augenblick der Entscheidung. Auch das ist eine Ordnung des Lebens: Wir finden uns in Situationen, die Weggabelungen gleichen; Situationen, in denen wir eine Entscheidung treffen müssen. Mose will sich – aus Angst, aus Bequemlichkeit – vor der Entscheidung drücken; aber das lässt Gott nicht zu. Mose will sich seiner Berufung verweigern, aber Gott erlaubt das nicht. Gott gibt Mose Kraft und Zuversicht und offenbart ihm etwas von sich selbst, von Gott selbst. Mose übernimmt eine Aufgabe, lässt sich in den Dienst nehmen; trifft eine Entscheidung, die sein Leben prägen wird. Das ist ein wesentlicher Schritt zum Erwachsenwerden: Wir treffen Entscheidungen, die unser Leben formen. Mose kehrt zu seinem Volk zurück – auch das ist ein Zeichen des Erwachsenwerdens für Mose selbst: die Fähigkeit, als gereifter Mensch zu den eigenen Wurzeln zurückzukehren.

Und dann beginnt das „Erwachsenwerden" des Volkes – Mose erzählt den Israeliten von ihrer Geschichte (Ex 6), er weckt den Hunger nach einem freien Leben mit Gott in ihnen und gibt ihnen damit Sehnsucht und Zuversicht; er gibt ihnen, könnten wir sagen, „eine große Geschichte", in die sie eingebettet werden. Aus diesem Mut heraus beginnen sie, innerlich Abstand zu nehmen von den ägyptischen Sklavenhaltern. Mit großen Anstrengungen und großem Leidensdruck – die Plagen, die über Ägypten gekommen sind; der immer stärkere Druck auf das Volk Israel! – beginnt die Ablöse von der Enge und Sicherheit. Im zwölften Kapitel des Buches Exodus wird das Pascharitual beschrieben, das den Übergang von der unfreien Sicherheit in Ägypten hin zur freien Unsicherheit in der Wüste beschreibt. Die Suche nach dem je Eigenen ist nicht einfach; es ist ein Gang durch die Wüste. Immer wieder regt sich Widerstand gegen die Freiheit und die mit ihr einhergehende Verantwortung – zum Beispiel in den vorwurfsvollen Worten: „Haben wir dir in Ägypten nicht gleich gesagt: Lass uns in Ruhe! Wir wollen Sklaven der Ägypter bleiben; denn es ist für uns immer noch besser, Sklaven der Ägypter zu sein, als in der Wüste zu sterben" (Ex 14,12). Das ist eine Erfahrung, die Erich Fromm als „Furcht vor der Freiheit" bezeichnet hat. Und doch ist die Freiheit mit ihrem Preis und ihren Mühen der Ort, an dem Wunder geschehen (der Durchgang durch das Meer) – sie hätten diese Schönheit nicht erlebt, wenn sie nicht die Widrigkeit des Aufbruchs erfahren hätten! Nach dem Siegeslied des Mose (Ex 15) ist das Volk in der Wüste unterwegs – sie haben drei Tage lang kein Wasser (Ex 15,22) und finden dann nur Wasser, das nicht trinkbar ist. Angesichts dieser Widrigkeit eines schwierigen Lebens regt sich wieder der Widerstand – und das Volk murrt. Gott erweist sich als Begleiter des Volkes, indem er Wasser schenkt. Diese beglückende und glaubensstärkende Erfahrung hätte das Volk nicht gemacht, wenn sie in Ägypten geblieben wären! Reifen und Wachsen hat auch mit dem Umgang mit Widrigem zu tun. Nach dieser Erfahrung wunderbarer Rettung wird im Buch Exodus gleich die nächste Herausforderung beschrieben – Hunger! Wieder murrt das Volk und diesmal regnet es Brot vom Himmel (Ex 16). Sie kennen dieses „Manna" nicht; so lernen sie etwas Neues. Lernerfahrungen sind immer auch Wüstenerfahrungen; Erfahrungen von Neuanfang, Aufbruch und Übergang. Die Wüste wird zu einer „Schule des Vertrauens" – Vertrauen in Gott, Vertrauen in Mose, Vertrauen in die eigenen Fähigkeiten, Vertrauen in die eigene Berufung. Auch hier zeigt sich das Lernen, wie wir es bei Don Bosco gesehen haben: Ordnung und Begleitung als die beiden Schlüsselmomente gelingender Identitätsfindung. Das Reifen des Volkes Israel ist – so wie das Reifen eines einzelnen Menschen – kein geradliniger Prozess; immer wieder regt sich, wenn wir so sagen können, das klagende „Kinder-Ich“, immer wieder kommt Murren auf: „Warum hast du uns überhaupt aus Ägypten hierher geführt?“ (Ex 17,3). Der Weg zum je Eigenen ist ein Weg, der auch mit Freiheit, Verantwortung und dem Umgang mit Widrigkeiten zu tun hat. Etwas vereinfachend könnten wir sagen: Der Weg zum je Eigenen ist ein Übergang vom Sesshaften zum Wandernden, bis das Gelobte Land erreicht ist; ein Übergang von der Sicherheit zur Freiheit; ein Übergang von der bekannten Not zu stets neuen Herausforderungen; ein Übergang vom Versorgten zum Verwundbaren und Verantwortlichen; ein Übergang von „Gottesroutine“ zu „Gottesabenteuer“. Das sind Schritte, die wir auch als einzelne Menschen setzen müssen. Eine Berufung zu entdecken, einer Berufung zu folgen, sich auf das Abenteuer eines Weges einzulassen, der von Gott geführt und begleitet wird, das ist ein Weg, der von der Sicherheit und Enge hin zur Freiheit und Weite führt. Es ist ein anstrengendes Glück, ein besonderer Mensch zu sein und seinen Weg zu finden; wieder stoßen wir auf diese Grundentscheidung: Willst du an dir arbeiten? Willst du deinen Weg entdecken? Willst du das je Eigene suchen?

Diese Einsichten in den Weg eines Volkes sind auch die Einsichten in den Weg eines einzelnen Menschen. Dieser Weg ist eine Einladung zu Freiheit, Verantwortung und Arbeit: Arbeit an der Gemeinschaft, Arbeit an sich selbst. Wir wollen es an dieser Stelle nicht unterlassen, den Finger auf eine Wunde zu legen; auf die Wunde einer Gesellschaft, die durch eine Finanz- und Wirtschaftskrise steigende Arbeitslosigkeit bewältigen muss; und gleichzeitig immer stärkeren Druck auf diejenigen ausübt, die in einem Arbeitsverhältnis stehen. „Arbeit" ist kostbar, „gute Arbeit" nicht selbstverständlich und ein guter Arbeitsplatz für viele unerreichbar. Das Glück, ein besonderer Mensch zu sein, hat vor allem auch mit dem Glück zu tun, einen guten Dienst erfüllen zu können. Gute Arbeit ist nicht selbstverständlich: Magnus Mills hat in seinem Roman *Ganze Arbeit* ein Arbeitssystem beschrieben, das nur der Beschäftigung dient, aber keinen Dienst erfüllt: Ein Heer von Lastwägen, die über verschiedene Stützpunkte verteilt werden, fährt zwischen den Stützpunkten herum, um jeweils bestimmte Ersatzteile – für die Lastwägen – zu liefern. Es wird ein großer bürokratischer Aufwand betrieben, die Menschen erleben freilich keine Erfüllung und alle sind vor allem bestrebt, möglichst wenig zu arbeiten und möglichst viele Privilegien zu haben. Das System scheitert. Gute Arbeit ist nicht selbstverständlich – und die Suche nach guter Arbeit (es muss nicht Erwerbsarbeit sein!) ist entscheidend auf der Suche nach einem Leben, das dient. Das haben wir auch bei Don Bosco gesehen, der den jungen Menschen vor allem Tätigkeiten ermöglicht und aufgetragen hat.

So wollen wir kurz an grundlegende Einsichten in die Arbeitswelt erinnern. Es mag auf den ersten Blick wenig mit dem Exodus des Volkes Israel zu tun haben, aber wenn man näher hinsieht, wird man erkennen, dass es auch beim Volk Israel um „gute Arbeit" ging, die in Ägypten nicht mehr gegeben war und die mühsam neu gesucht werden musste. Was lehrt die Kirche über die Arbeitswelt? Ein Arbeitsplatz ist für den Menschen da und nicht ein Mensch für den Arbeitsplatz – so finden wir es in der Sozialenzyklika *Laborem Exercens* geschrieben (Nr. 6). Menschenwürdige Arbeit ist nicht ein Geschenk, sondern ein Recht; menschenwürdige Arbeit ist nicht ein vermeidbarer Budgetposten, sondern eine Investition in die Zukunft. Wenn wir Bedingungen menschenwürdigen Arbeitens verletzen, wird uns die moralische Kraft ausgehen, die derzeitige Krise zu bewältigen. Wirtschaft und Moral sind nicht zwei getrennte Bereiche, sondern durchdringen einander. In der Pastoralkonstitution *Gaudium et Spes* heißt es in diesem Zusammenhang: „Auch im Wirtschaftsleben sind die Würde der menschlichen Person und ihre ungeschmälerte Berufung wie auch das Wohl der gesamten Gesellschaft zu achten und zu fördern, ist doch der Mensch Urheber, Mittelpunkt und Ziel aller Wirtschaft" (Gaudium et Spes, 68). Was bedeutet nun menschenwürdige Arbeit? Erstens bedeutet menschenwürdige Arbeit eine Gestaltung der Arbeitswelt, die die Würde des Menschen widerspiegelt. Arbeit leistet ja einen dreifachen Beitrag zum Menschsein – sie sichert die Existenz; sie gibt Raum für die Entfaltung der eigenen Fähigkeiten; sie trägt zum Aufbau des Gemeinwohls und der Gemeinschaft bei.

Menschenwürdige Arbeit erlaubt die Erfüllung dieser drei Aufgaben. Und hier hat auch das Christentum einen Beitrag geleistet. Ich darf in Erinnerung rufen, dass Josef, der Nährvater Jesu, ein Zimmermann war, dass Jesus selbst die Bezeichnung „Zimmermann" nicht abgelehnt und wohl den Großteil seines irdischen Lebens mit harter manueller Arbeit verbracht hat, dass viele Bilder der Arbeitswelt in den Gleichnissen Jesu verankert sind. Zweitens bedeutet menschenwürdige Arbeit den Respekt vor bestimmten Bedingungen: Der Begriff der menschenwürdigen Arbeit wurde von der Internationalen Arbeitsorganisation (ILO) in Genf entwickelt. Von menschenwürdiger Arbeit kann nach diesem Verständnis dort gesprochen werden, wo vier Bedingungen erfüllt sind: rechtliche Absicherung; hinreichende Entlohnung; Sicherheit am Arbeitsplatz; schließlich: sozialer Dialog. Nun leben wir in einer Gesellschaft, in der viele Menschen vom Übel der Arbeitslosigkeit betroffen sind. So könnten wir uns fragen: Was bedeuten diese vier Bedingungen in Bezug auf eine menschenwürdige Gestaltung der Arbeitslosigkeit? Menschen, die von Arbeitslosigkeit betroffen sind, müssen Sicherheit und Rechtssicherheit erfahren; ihnen ist der Zugang zu hinreichender Unterstützung zu gewähren; und menschenwürdige Arbeitslosigkeit heißt wohl auch: sozialer Dialog. Menschen, die von Arbeitslosigkeit betroffen sind, eine Stimme zu geben, ein Mitspracherecht, einen Gestaltungsspielraum. Die Katholische Soziallehre besteht auf dem Recht auf Arbeit – wenn dieses Recht vorenthalten wird, ist auch der soziale Friede gefährdet (*Centesimus Annus*,

43). Gerade in unserer Zeit ist besonders darauf zu achten, dass der soziale Zusammenhalt gestärkt wird. Auch aus diesem Grund ist die Forderung nach „menschenwürdiger Arbeitslosigkeit“ von entscheidender Bedeutung. Um es mit einem Wort der erwähnten Enzyklika *Laborem Exercens* zu sagen: „Die Pflicht der Hilfeleistung für die Arbeitslosen, das heißt die Verpflichtung, den beschäftigungslosen Arbeitnehmern und ihren Familien durch die dazu nötige entsprechende Unterstützung den Lebensunterhalt zu sichern, entspringt dem Grundprinzip der für diesen Bereich gültigen sittlichen Ordnung, nämlich dem Prinzip der gemeinsamen Nutznießung der Güter oder, anders und einfacher ausgedrückt, dem Recht auf Leben und Unterhalt“ (Nr. 18). So gesehen ist die Grundforderung nach sensiblem Umgang mit Arbeitslosigkeit eine Grundforderung einer Gesellschaft, die die menschliche Würde achtet. Mit dem Blick auf Menschen, die von Arbeitslosigkeit betroffen sind, möchte ich um großen Respekt bitten. Bei seinem ersten Österreichbesuch im Jahr 1983 hat Papst Johannes Paul II. am 12. September eine Ansprache vor Arbeiterinnen und Arbeitern in Wien gehalten und dabei folgende Worte gesprochen, die heute auf neue Weise aktuell sind: „Wir befinden uns in den Anfängen von Umwälzungen. In solchen Zeiten muß sich bewähren, was wir Christen vom Menschen und seiner Arbeit denken. Es darf nicht dazu kommen, daß derjenige, der seinen Arbeitsplatz verlieren sollte, auch seinen Standort in der Gesellschaft verliert, daß er isoliert und seines Selbstwertgefühls beraubt wird.“

Wenn wir in einer guten Gesellschaft leben wollen, müssen wir uns ernsthaft und energisch darum bemühen, dass jeder Mensch ein geglücktes Leben führen kann; und gelingendes Leben hat mit der Botschaft zu tun: „Wir sehen deine Gaben und Fähigkeiten, die nur du in dieser Form hast. Deine Gaben sind gut und wichtig. Wir brauchen deinen Dienst." Eine Gesellschaft, die an einzelne Menschen die Botschaft aussendet „Du bist überflüssig", wird nicht als gute Gesellschaft bestehen können und Strukturen des Unmenschlichen zulassen. Eine gute Gesellschaft ist eine solche, in der das Glück, ein besonderer Mensch zu sein, möglich ist – dazu bedarf es, wie wir bei Don Bosco gesehen haben, der Ordnung und der vertrauensvollen Begleitung und dazu bedarf es, wie uns der Weg des Volkes Israel gezeigt hat, des Mutes zur Freiheit und der Kraft zur Verantwortung.

Zum Abschluss wollen wir uns noch einer wichtigen und beispielgebenden Gestalt annähern – der Person des heiligen Stephanus. Wie wird Stephanus zu dem bestimmten und besonderen Menschen, der für die junge christliche Gemeinde so bedeutsam wurde? Wir erfahren im sechsten Kapitel der Apostelgeschichte, dass Stephanus zum Dienst an den schwächsten Mitgliedern der Gemeinde auserwählt wurde: Die Gemeinde ortete also eine Not (die Witwen waren nicht versorgt) und Stephanus wurde berufen, an der Linderung der Not mitzuwirken. Seine Identität wurde also durch Berufung und Dienst bestimmt. Stephanus wurde als einer von sieben Diakonen erwählt, weil er vom Glauben und vom Heiligen Geist erfüllt war (Apg 6,5). Er verdankte seine Identität also vor allem der Bereitschaft, das Geschenk der Gotteskindschaft anzunehmen – Glaube ist ein Geschenk; das Kommen des Heiligen Geistes ist ein Geschenk, das wir nicht eigener Leistung verdanken. Stephanus wird zu jenem besonderen Menschen, weil er sich von Gott formen und von der Gemeinschaft in den Dienst nehmen lässt. In der Heilsgeschichte finden wir diese Botschaft immer wieder, sie ist kein frommes Märchen, das zu schön ist, um wahr zu sein: Menschen, die sich fragen, wie sie ihr Leben und ihre Gaben in den Dienst stellen können, erhalten Segen und Kraft. Das gilt auch für die Kirche als Ganze. Menschen, die nicht den eigenen Vorteil suchen, sondern sich in den Dienst nehmen lassen, erfahren den Segen: „Es kommt alles zurück". Stephanus, so wird uns weiter berichtet, übt seinen Dienst als Diakon aus – „voll von Gnade und Kraft"; also aus einer Fülle schöpfend, die ihm geschenkt wurde; aus einer Quelle trinkend, die ihm Kraft für schwierige Aufgaben gibt – weil er tiefe Überzeugungen davon hat, worauf es im Leben ankommt und was Halt gibt. Stephanus übt seinen Dienst aus, indem er Wunder und Zeichen tut (Apg 6,9) – er wirkt also über sich hinaus; sein Dienst wird sichtbar und zeigt Früchte. Seine Identität wird durch Tun und das Tun durch Früchte mitbestimmt. Das zieht Menschen an, die ihm übel gesonnen sind. Wir könnten, etwas schwerfällig ausgedrückt, sagen: Identität im sozialen Raum ist streitbar. Stephanus wird als Diakon zu einem ganz besonderen Menschen, der einen ganz besonderen Dienst leistet und damit eine „Nische des Menschseins" schafft – diese Nische gibt ihm einen Ruf und Ehre und das ruft Menschen auf den Plan, die nicht fest in ihrem Selbstsein verankert sind und deswegen zum Neid neigen. Neid ist ein Zeichen einer gewissen grundsätzlichen Unzufriedenheit, die sich nicht sättigen lässt; es ist eine ungesunde Lebenshaltung, die uns stets auf andere blicken lässt und uns stets zwingt, uns mit anderen zu vergleichen. Dadurch kann auch nie Ruhe und Zufriedenheit gefunden werden. Stephanus ruht in sich: Die Menschen wollen mit Stephanus streiten, aber sie konnten der Weisheit und dem Geist, mit dem er sprach, nicht widerstehen (Apg 6,10). Die auf Gott gerichtete und von Gott geschenkte Weisheit ist es, die Stephanus souverän sein lässt. Er verdankt sein Selbstsein seiner festen Verwurzelung in Gott. Und dann finden wir einen eigenartigen Satz über Stephanus: „Als alle, die im Hohen Rat saßen, auf ihn blickten, erschien ihnen sein Gesicht wie das Gesicht eines Engels" (Apg 6,15) – Stephanus scheint wie ein Mensch, der aus nichtmenschlichen Quellen schöpft; er scheint wie einer, der „Bote Gottes" geworden ist; er scheint wie einer, der sein Glück und seine Berufung gefunden hat, und strahlt. Im siebten Kapitel der Apostelgeschichte folgt die Verteidigungsrede des Stephanus. Auch sie sagt viel über seine Identität aus: Er bettet sein Leben in die gesamte Heilsgeschichte ein, erzählt von Abraham, erinnert an den Bund, beschreibt den Weg des Volkes Gottes. Damit kann er sein Leben und das Leben aller, die ihn umringen, als Teil eines größeren, heilbringenden Geschehens zeigen, das

Kraft aus der Vergangenheit und Kraft aus den Verheißungen für die Zukunft schöpft. Stephanus ist in seiner Identität gefestigt, weil er um seine „Zugehörigkeiten“ weiß – zum Volk mit seiner Geschichte und seiner Erfahrung. Identität hat ja vor allem mit „Zugehörigkeit“ zu tun. Stephanus erzählt eine ganz bestimmte Version der Heilsgeschichte, in der er der Gestalt des Mose sehr viel Platz einräumt. Er beendete seine Verteidigung mit einer anklagenden Frage: Welchen der Propheten haben eure Väter nicht verfolgt? (Apg 7,52) Er verweist auf das empfangene Gesetz, das seinem Leben auch Gestalt gegeben hat, zieht sich damit den Zorn der Zuhörer zu und sieht in diesem Moment den Himmel offen stehen – bei einem Menschen, der seinem innersten Ruf gefolgt ist, berühren sich Erde und Himmel. Die Identität einer Christin und eines Christen ist die Identität eines offenen Himmels. Es ist ein Leben auf ein offenes Ende hin; es ist ein Leben, das genährt wird von Quellen, die nie versiegen. Eben das ist das Glück, ein besonderer Mensch zu sein – das Eigene und unzerstörbar Eigene zu finden.

Das Glück des je Eigenen ist das Glück des Dienstes. So könnten wir uns fragen: Leben Christen anders? Christen leben anders in dieser Welt! Christsein steht unter dem Zeichen des Dienstes und des Kreuzes. Wir brauchen den Weg in die Nachfolge dessen, der gesagt hat: „Ich bin nicht gekommen, mich bedienen zu lassen, sondern um zu dienen“ und „Ich bin in eurer Mitte wie einer, der dient“. Wir brauchen die Autorität des Dienstes und den Dienst der Autorität. Nach einem

Wort der lateinamerikanischen Bischofsvollversammlung von Puebla de los Angeles gilt: „Autorität ist Dienst am Leben.“ Und es stimmt: Wo die Autorität nicht mehr dem Leben dient, hat sie ihre Autorität verloren. Christlich gesehen steht Autorität des Dienstes immer im Zeichen des Kreuzes, im Zeichen der Hingabe. Das bedeutet: Christsein ist eben doch anders. Bei aller Toleranz, die im Zusammenleben der Menschen heute gefordert ist, wird trotzdem das Wort vom Ärgernis des Kreuzes nie verstummen dürfen. Wir gefährden unsere Suche nach dem Glück, ein besonderer Mensch zu sein, wenn wir müde werden. Es gibt diese „Müdigkeit der Guten“. Schon vor 120 Jahren lässt Friedrich Nietzsche in seinem hellsichtigen Hass gegen alles Christliche den Wahr-Sager in seinem Zarathustra sprechen: „Die besten werden ihrer Werke müde und von allen Hügeln tönt es: Alles ist leer, alles ist gleich, alles wahr.“ Wer will heute noch für etwas kämpfen, sich wirklich für etwas einsetzen – wie wir das bei Don Bosco gesehen haben? Wir müssen Obacht geben, dass der Grundwasserstrom des Christlichen in unserer Gesellschaft nicht austrocknet. Es zeigt sich im Exodus des Volkes Israel, es zeigt sich im Lebensweg des Don Bosco, es zeigt sich in der Gestalt des heiligen Stephanus – das Glück, ein besonderer Mensch zu sein, ist eine Aufgabe, die unter anderem darin besteht, Mut zu Freiheit und Verantwortung zu haben und die eigenen Gaben im Dienst für andere einzusetzen.

5. Das Glück der Nähe, die Kraft der Liebe

Wagen wir einmal den Gedanken, dass die Liebe die größte Kraft der Welt ist – eine Kraft, stärker als alles andere. Wagen wir einmal den Gedanken, dass wir als Menschen gerufen sind, zu lieben; dass wir eingeladen sind, hineinzuwachsen in die Kunst des Liebens. Lieben hat mit Kreativität zu tun und mit einem Blick für Details, die uns den geliebten Menschen überraschen lassen – weil wir ihn kennen; weil wir uns die Mühe machen, den geliebten Menschen immer tiefer kennen zu lernen. Und durch diesen Weg auf den anderen zu erleben wir immer eindrücklicher, welch wunderbares Geheimnis der andere ist, welche Tiefen sich hier auftun, wenn wir nur die Nähe des anderen suchen. Einen Menschen zu lieben, heißt auch, seine Nähe und Gegenwart zu suchen. Echte Nähe bedeutet immer auch ein Aufgeben von Schutz und Rolle, ein Aus-sich-Herausgehen.

Es gibt wohl kaum ein Thema, das so sehr alle Menschen unmittelbar und existentiell betrifft und alle Bereiche des menschlichen Lebens berührt wie das Thema Liebe. Liebe ist fürwahr ein Menschheitsthema. Mit ihm beschäftigten sich Athen und Rom, Philosophie und Theologie, Kunst, Poesie und Mystik seit ihren Anfängen, im Morgenland ebenso wie im Abendland. Das Hohelied, das Canticum Canticorum, aus dem vierten und das platonische Symposion aus dem frühen vierten vorchristlichen Jahrhundert sind frühe berühmte Zeugen dafür. Die Liebe ist offensichtlich eine Wirklichkeit, ohne die der Mensch nicht leben kann, ohne die er nicht Mensch sein kann. Als solche ist sie etwas Universales und Alltägliches im positivsten Sinn des Wortes, allerdings eine Wirklichkeit, die sich in verschiedensten Gestalten und Kontexten zeigt, wie ja auch Papst Benedikt XVI. in der ersten Enzyklika *Deus Caritas est* dargelegt hat. Sie begegnet uns als Eros, als begehrende, meist leidenschaftliche Liebe, fasziniert von der Schönheit oder bedürftig nach der Gutheit des begehrten Objekts; sie zeigt sich als schaffende, zeugende Liebe, als welche sie für große Strömungen der Philosophie als das Kosmos schaffende Prinzip gilt; sie wird – nicht zuletzt vor allem in der christlichen Lehre – als Agape gesehen, als Kraft, die den Menschen zur Hingabe an Gott, an Menschen oder geistige Werte befähigt; mit dieser Form verwandt und durch sie genährt, tritt die Liebe auch als Caritas auf, als Sorge um den Nächsten, als tatkräftiger Einsatz für den anderen zur Linderung von dessen Not und Schmerz; und schließlich erleben wir die Liebe auch in den verschiedensten Nuancen von Freundschaft. In all den Formen offenbart die Liebe aber auch eine eigenartige Ambivalenz. Sie äußert eine konstruktive Seite, sie kann Leben zeugen, großartige Werke der Kunst und des Geistes hervorbringen oder dem Menschen ein Stück Paradies auf Erden schenken, sie hat aber auch – meist in ihrer reduzierten Gestalt – eine destruktive Seite, sie kann der Grund für Ausbeutung von Menschen (meist Frauen), für Zerstörung, ja sogar für Mord und Tod sein. Die Ambivalenz der Liebe hat wohl auch im Jahr 2008 die Organisatoren der Salzburger Festspiele zur Wahl des Mottos bewegt: „Stark wie die Liebe ist der Tod". In der Tat haben Liebe und Tod viel miteinander zu tun. Man muss sogar die Frage stellen, ob es überhaupt echte, tiefe Liebe ohne Tod, ohne Hingabe bis zum Letzten gibt. Echte Liebe ist bereit, bisweilen auch töricht oder leidenschaftlich genug, für das Geliebte bzw. für das geliebte Du zu sterben. In diesem Sinn ist sie stark wie der Tod, wie das Hohelied im 8. Kapitel sagt: „Stark wie der Tod ist die Liebe, die Leidenschaft ist hart wie die Unterwelt. Ihre Gluten sind Feuergluten, gewaltige Flammen. Auch mächtige Wasser können die Liebe nicht löschen; auch Ströme schwemmen sie nicht weg. Böte einer für die Liebe den ganzen Reichtum seines Hauses, nur verachten würde man ihn." In einer Zeit, in der Menschen für Geld bereit sind, alles Unmögliche zu tun, in einer Zeit, in welcher Unverbindlichkeit, Beliebigkeit und Unentschiedenheit das Denken und Verhalten der Menschen prägen, ein starkes Wort. Unserer Liebe fehlt es oft an der Kraft der Überzeugung, der Leidenschaft und Hingabe. So martern sich viele in Zweifel, Unsicherheit und Identitätskrisen. Sie wissen nicht, was das Ihre ist. Doch die Psychologie lehrt uns:

Nur dann und insoweit ich bereit bin, für das, was ich tue und wofür ich eintrete, auch zu sterben, kann ich sicher sein, dass es wirklich das Meine ist; nur dann bin ich wirklich authentisch und habe meine Identität gefunden, nur dann wird mein Leben die Früchte hervorbringen, die potentiell in mir stecken. Jesus ist unser Lehrer in der Schule des Liebens: Er hat die Liebe konkret gelebt: in seinem Umgang mit den Menschen, im furchtlosen Annehmen des menschlichen Elends, im Sich-berühren-Lassen, im offenen Zugehen auf die anderen und im Sich-Verschenken. Jesus hat uns das Beispiel einer Liebe gegeben, die so stark ist wie der Tod, ja, die noch stärker ist als der Tod. Er sagt im Johannesevangelium: „Es gibt keine größere Liebe, als wenn einer sein Leben für seine Freunde hingibt" (Joh 15,13). Seine Liebe zum Vater im Himmel, zu den Seinen und zu seiner Sendung war so groß, dass er bereit war, auch die letzte Konsequenz in Kauf zu nehmen. Doch wer von uns ist fähig zu solch einer Liebe? Nur zu gut wissen wir, wie schwach oft unsere Liebe ist, wie schwer uns Hingabe und Überzeugung fallen, auf welch tönernen Füßen die Liebes-Beziehungen und Bündnisse von Menschen vielfach stehen. Wir müssen noch einen Schritt weitergehen, versuchen, zum eigentlichen Geheimnis der Liebe, zu deren tiefsten Wurzel vorzudringen. Die Heilige Schrift führt uns in dieses Geheimnis ein, wenn es im ersten Johannesbrief heißt: „Gott ist die Liebe (ho theòs agápê estín), und wer in der Liebe bleibt, bleibt in Gott, und Gott bleibt in ihm" (1 Joh 4,16).

Die Liebe ist also nicht bloß eine Angelegenheit des Menschen, ein Menschheitsthema, sie ist ursprünglich und zuerst eine Wirklichkeit Gottes, das Thema Gottes schlechthin. Gott selbst ist seinem eigentlichen und innersten Wesen nach Liebe (agápê). Nur unter diesem Vorzeichen können wir ihn und sein Wirken verstehen. Der Papst betont in der Einleitung zu seiner Enzyklika die Bedeutung dieser Worte für uns Christen, wenn er sagt: In ihnen „ist die Mitte des christlichen Glaubens, das christliche Gottesbild und auch das daraus folgende Bild des Menschen und seines Weges in einzigartiger Klarheit ausgesprochen" (Nr. 1). Doch damit sind wir noch nicht in der Tiefe des Geheimnisses der christlichen und göttlichen Liebe. Dieses erschließt sich in der uns irgendwie vor den Kopf stoßenden Bemerkung im ersten Johannesbrief, wo es heißt: „Nicht darin besteht die Liebe, dass wir Gott geliebt haben, sondern dass er uns geliebt und seinen Sohn als Sühne für unsere Sünden gesandt hat" (1 Joh 4,10). Diese Aussage überrascht uns vielleicht, insbesondere jene, die noch die traditionelle christliche Erziehung genossen haben, in der wir doch primär dazu angehalten wurden und darauf bedacht waren, Gott zu lieben, mit allen Kräften und aus ganzem Herzen. Dieses Wort aus dem Johannesbrief negiert nicht das alte biblische Gebot, es erschließt uns aber deren eigentliche Bedingung. Nur weil Gott uns geliebt hat, weil er seinen Sohn in die Welt gesandt hat, uns das Leben zu bringen, koste es, was es wolle, sind wir fähig, Gott und die Mitmenschen zu lieben. Der Johannesbrief lehrt damit, dass die Fähigkeit zu reifer Liebe und stabiler Beziehung voraussetzt, dass sie selbst in irgendeiner Form Liebe, Geborgenheit, verlässliche Beziehung erlebt hat. Und wir wissen auch, dass ein Mensch die Botschaft, dass Gott ihn liebt, nur dann erfassen und glauben kann, wenn er selbst von Menschen geliebt ist oder zumindest war, wenn er eine authentische Erfahrung von Liebe gemacht hat. Nur dann „weiß" er (mit allen Dimensionen von Geist, Leib und Seele), was Liebe überhaupt ist. Nur dann kann er verstehen, was die Heilige Schrift meint, wenn sie sagt, dass Gott uns liebt und dass wir deswegen auch uns selbst und unsere Nächsten lieben sollen.

Ein Leben aus der Kraft der Liebe öffnet Tiefen und Weiten. Wenn wir uns vornehmen, das Dasein als eine Schule der Liebe zu sehen, als eine Einladung, in der Kunst des Liebens zu wachsen, dann bringen wir eine Tiefe in unser Leben, in jede Begegnung, in jede Berührung, in jede Erfahrung. Was heißt das nun aber für uns, auch für uns als Kirche heute? Wenn Gott die Liebe ist und deren Geheimnis darin besteht, dass er uns zuerst geliebt hat, die Menschen aber Liebe nur verstehen können, wenn sie selbst Liebe erfahren haben, dann muss es die erste Aufgabe der Kirche im Dienste des Reiches Gottes sein, den Menschen die Liebe und Menschenfreundlichkeit Gottes erfahrbar zu machen. Dazu gehört es, Strukturen zu schaffen und zu fördern, den Menschen ein menschenwürdiges Leben ermöglichen, und Lebensräume zu eröffnen, in denen Menschen sich geliebt und angenommen erfahren.

Christinnen und Christen, Seelsorgerinnen und Seelsorger verkünden zuallererst dadurch Gott, dass sie anderen Menschen wirkliche, menschliche Liebe und Zuwendung schenken, wie sie im konkreten Fall vonnöten ist. Das ist die unerlässliche Bedingung dafür, dass der Gott Jesu Christi erkannt werden kann. Ansonsten gleiten die hehren oder frommen Worte der Verkündigung an den Herzen der Menschen wie Regentropfen auf gut imprägnierten Regenmänteln ab. Sie erscheinen wie leere, lebensfremde, abgehobene und unglaubwürdige Worte. Das gilt auch für uns alle in unserem Alltag. Die mitmenschliche Liebe ist das Tor zu Gott. Weil Gott die Liebe ist, gilt: „Wer nicht liebt, hat Gott nicht erkannt" (1 Joh 4,8). Und die Liebe vertreibt die Furcht und macht uns mutig und stark – sehr schön formuliert das wiederum der erste Johannesbrief: „Furcht gibt es in der Liebe nicht, sondern die vollkommene Liebe vertreibt die Furcht" (1 Joh 4,18). Und die größte Quelle für ein angstfreies Leben ist ein Leben aus der Kraft des Gottvertrauens heraus. Gottesliebe und Nächstenliebe sind zwei Seiten der einen Medaille. „Wenn jemand sagt: Ich liebe Gott!, aber seinen Bruder hasst, ist er ein Lügner. Denn wer seinen Bruder nicht liebt, den er sieht, kann Gott nicht lieben, den er nicht sieht" (1 Joh 4,20). Die Liebe zum Bruder, zur Schwester, ist innerlich nicht zu trennen von der Liebe zu Gott und vom Geliebtsein durch Gott. Wir verfallen oft dem Fehler, uns nur auf die zwischenmenschliche Dynamik zu konzentrieren, die sie bedingende vertikale Dimension zu vergessen. Die Erfahrung des Petrus im Evangelium vom Seesturm veranschaulicht uns diesen Zusammenhang (Mt 14,22–33). Jesus erscheint seinen Jüngern, die sich im Boot befinden, und Petrus will Jesus auf dem Wasser entgegengehen. Weil und solange Petrus den Blick auf Jesus gerichtet hat, sich von seinem liebenden Blick getragen weiß und sich im Vertrauen ihm überlässt, trägt ihn auch sein Leben. Wir gehen an Gott vorbei, wenn wir nicht lieben, wir verkennen aber auch das Wesen der Liebe und das Wesen Gottes, wenn wir unseren Blick in unserem innerweltlichen Liebeseinsatz nicht auf Gott gerichtet haben. Dieser Blick ermutigt uns zum Vertrauen. Liebe braucht Vertrauen, wie auch Vertrauen Liebe braucht. Wer sich nicht geliebt erfährt, kann dem Leben, kann den Menschen nicht trauen. Ohne Vertrauen aber können wir uns nicht auf das Leben, auf unsere Aufgaben, auf Beziehungspartner einlassen. Anders gesagt: Ohne Geliebtsein kein Vertrauen, ohne Vertrauen keine Liebe, ohne Liebe kein Leben und auch kein christlicher Glaube. Die Geschichte des Petrus lehrt uns aber noch etwas. Wir brauchen keine Angst zu haben, im Lieben und Vertrauen zu versagen. Denn auch dann, wenn die Kraft unseres Vertrauens und Liebens schwindet, gehen wir – wie Petrus – nicht unter, wir sind gehalten von der Hand des Herrn, dessen Liebe auch in dieser Weise der tragende Grund unseres Liebens und Lebens ist. So ist es tatsächlich eine tiefe Wahrheit: Die Liebe ist die stärkste Kraft der Welt.

Die tiefste Botschaft für die Kraft der Liebe ist die Botschaft von der Auferstehung. Es ist so bezeichnend, dass die Menschen gar nicht glauben konnten, dass ihr Heiland von den Toten auferstanden war. Alle Zweifel an der Auferstehung scheitern daran, dass der Auferstandene begegnet ist. Das Grab war leer. Zwar waren Leintücher darin, aber er selbst war nicht da. Erst mit dem Beginn der Erscheinungen begann auch die Gewissheit, dass er lebt und dass die Verheißungen der Schrift und seine eigenen Voraussagen erfüllt, bewahrheitet und damit glaubhaft wurden. Zwar hatte er unterschiedliche Erscheinungsgestalt, aber diejenigen, denen er begegnete, erkannten – freudig und erschrocken zugleich: Es ist der Herr! Es ist derselbe, dem sie oft und oft begegnet, mit dem sie vielmals und bei sehr unterschiedlichen Gelegenheiten und an verschiedenen Orten zusammen waren. Weil er ihnen bekannt und vertraut war, erkannten sie ihn als Auferstandenen wieder. Ein Priester erzählte einmal von seinem Großvater, der mit ganz jungen Jahren in den Russlandfeldzug beim Ersten Weltkrieg einrücken musste und einen Tag danach auch schon in Gefangenschaft geraten war. Die lange Zeit der Gefangenschaft hatte ihn sehr verändert. Er war abgemagert und unansehnlich geworden. Als er nach Hause zurückkehrte, erkannte ihn niemand wieder. Nur seine Frau erkannte ihn sogleich, denn sie hatte ihn auch zuvor schon sehr gut kennen gelernt. Die Liebe lässt erkennen. Biblisch heißt erkennen: Begegnung in Liebe. Kein Wunder, dass die Jünger durchwegs Schwierigkeiten hatten, den Auferstandenen zu erkennen, außer denen, von denen er wirklich erkannt worden war, das war Maria Magdalena, die ihn zuerst auch für einen Gärtner hielt. Als er sie aber ansprach mit ihrem Namen Maria, erkannte sie den Rabbuni, den Meister sogleich. Johannes, der Lieblingsjünger Jesu, konnte schon bei der ersten Begegnung seinen Mitaposteln sagen: „Es ist der Herr", denn er hatte den Herrn wohl am tiefsten erkannt. Er war ja auch beim Abendmahl an seiner Brust gelegen. Auferstehung ist Begegnung. Begegnung ist Erkennen im Vollsinn, Erkennen in Liebe. Darum geschieht Auferstehung in der Begegnung mit dem Herrn im Gebet. Darum geschieht Auferstehung in der Begegnung mit seinem Wort. Darum geschieht Auferstehung im Empfang seiner Zeichen des Heils in den Sakramenten. Darum geschieht Auferstehung in der Begegnung mit den Nächsten. Darum geschieht Auferstehung mit dem Kreuz. Wenn wir in der Osternacht und in den österlichen Tagen einander „frohe Ostern", das heißt „gute Auferstehung" wünschen, dann wünschen wir genau die Begegnung in Liebe, denn das ist die wahre Auferstehung, die über den Tod hinausgeht.

Diese Liebe ist nichts Unmögliches, sie ist nichts Unglaubliches; es ist die Kraft, mit der die Welt geschaffen wurde, es ist die Kraft, durch die Gott Mensch geworden ist und unser Leben geteilt hat; es ist die Kraft, die Jesus von den Toten auferstehen ließ. Es ist aber auch die Kraft, die Eltern nächtelang am Bett eines schwer kranken Kindes sitzen lässt; es ist die Kraft, die nach schwerem Unrecht die Hand zur Versöhnung ausstrecken kann; es ist die Kraft, die eine Ärztin um das Leben einer Patientin ringen lässt; es ist die Kraft, aus der Maximilian Kolbe oder Edith Stein, Franz Jägerstätter oder Don Bosco gehandelt haben. Die Kraft zur Liebe, die Kraft, Menschen zu lieben, die Kraft, einen ganz besonderen Menschen zu lieben – diese Kraft ist gottgeschenkt. Die Liebe ist nicht nur größte Kraft, sie ist auch größtes Geschenk und größtes Geheimnis.

Denken wir gemeinsam über diese Kraft der Liebe nach. Liebe ist jene Kraft, die uns Nähe suchen und aushalten lässt. Eine berührende Liebesgeschichte von der Suche nach gelingender Nähe hat uns Astrid Lindgren aufgeschrieben. Die Geschichte ist wahr, trägt den Titel *Samuel August von Sevedstorp und Hanna in Hult*. Sie spielt im ländlichen Schweden in den letzten Jahren des 19. Jahrhunderts und den ersten Jahren des 20. Jahrhunderts. Es ist die Liebesgeschichte ihrer Eltern, die 56 Jahre glücklich miteinander verheiratet waren und zusammen vier Kinder großzogen, darunter die 1907 geborene Astrid Lindgren. Astrid Lindgren erzählt davon, wie Samuel August, ihr Vater, die junge Hanna von Hult mit den Blicken der Liebe ansah: Sicherlich hatte er sie schon früher gesehen, aber nie so wie jetzt. Die Liebe verwandelt unseren Blick auf den geliebten Menschen und dadurch wandelt sich auch der Mensch. Wer wird unter einem liebevollen Blick nicht weicher werden, stärker, mutiger? Samuel August hatte sich also in Hanna von Hult verliebt – diese Liebe hatte etwas Kühnes und fast Unmögliches, weil Samuel August keineswegs vermögend war und Hanna wählerisch sein konnte. Die Liebe macht kühn; und sie regt zum Träumen an. Die Welt wird weiter, wenn sie mit der Kraft der Liebe gefüllt wird. Behutsam machten Samuel August und Hanna Schritte aufeinander zu. Da war der gemeinsame Spaziergang und das Angebot Hannas, ein Monogramm für Samuel Augusts Hut zu sticken; dann kam eine Zeit der Trennung, weil sie in verschiedenen Dörfern lebten und beide schwer arbeiten mussten – diese Zeit brachte verschmitzte Karten mit sich: „Ob das kleine Monogramm wohl bald fertig ist?“, fragte Samuel August auf einer Karte; „Wann kommt der Hut in Reichweite“, antwortete Hanna nicht ohne Augenzwinkern. Fein kann sie sein, die Sprache der Liebe, fein und behutsam. Die Liebe braucht aber auch ihre Gelegenheiten. (Hier eine Zwischenfrage: Schauen wir auch sorgsam darauf, genügend Gelegenheiten für die Liebe zu schaffen?) Eine solche Gelegenheit ergab sich unverhofft, als Samuel August und Hanna von Hult einander eines Abends in der Stadt Vimmerby trafen. Sie gingen Tee trinken, obwohl sie beide Tee nicht sonderlich schätzten. Liebe bringt uns in Situationen, über die man auch schmunzeln kann. Hanna ging bei einer Weberin in die Lehre, nur für kurze Zeit, und Samuel August musste all seinen Mut aufbringen, um Hanna, ehe sie zu ihren Eltern ins Dorf zurückkehrte, die Frage aller Fragen zu stellen. Am letzten Abend vor Hannas Rückkehr führte Samuel August seine Hanna auf eine Bank unter einer Traueresche inmitten von wildem Schneetreiben nachts um elf Uhr (Astrid Lindgren fügt an dieser Stelle den Zwischenruf ein: „O Liebe! Wie recht hat doch der Apostel, wenn er sagt: Die Liebe, sie verträgt und duldet alles!“). Und Samuel August frägt seine Hanna: „Meinst du, dass du und ich zusammen glücklich leben könnten?“

Das ist eine schöne Frage, die die Liebe stellt. Die Liebe mag kein leichtes Leben versprechen; vielleicht das Gegenteil: Ein Mensch, der aus der Kraft der Liebe lebt, kann sich nicht treiben lassen, kann nicht unaufmerksam sein, macht sich verletzlich und übernimmt Verantwortung. Es ist also nicht das Versprechen eines leichten Lebens, das die Liebe geben kann; aber das Versprechen eines glücklichen Lebens mit Tiefe und mit Halt. Hanna antwortet Samuel August übrigens auf diese Frage, dass der Beistand Gottes für eine solche Liebe entscheidend sei. (Auch diesem Gedanken gebührt Achtung: Das Versprechen, mit einem anderen Menschen das ganze weitere Leben mit seinen Höhen und Tiefen teilen zu wollen, ist menschlich gesprochen fast nicht haltbar; hier bedarf es der führenden und schützenden Hand Gottes, der alles zum Guten wenden kann. Dessen war sich Hanna von Hult wohl bewusst. In den folgenden Monaten schrieben sie einander Briefe. Denn: Die Liebe will sich ausdrücken; die Liebe will dem anderen in besonderer Weise zu verstehen geben, dass hier eine Bindung wächst, eine Suche nach Nähe erfolgt. Auch später in der Ehe hat Samuel August die Liebe ausgedrückt – er hat seinen Kindern von seiner Liebe zu Hanna erzählt, er hat ihr seine Gefühle unverhohlen gezeigt, was damals auf schwedischen Bauernhöfen gar nicht üblich war. Die Liebe will sich zeigen; sie will eine Sprache sprechen, die der andere verstehen kann. Samuel August erwähnte immer wieder, dass er mit einer großen Liebe an seiner Hanna hing. Und in dieser Liebe sind Astrid und ihre drei Geschwister aufgewachsen. Berührend ist an dieser Liebesgeschichte von Astrid Lindgrens Eltern die Behutsamkeit, mit der die beiden jungen Bauersleute aufeinander zugingen. Die Trauer-esche wird für Samuel August zu einem wichtigen Ort, den er immer wieder aufsucht. Die Liebe verwandelt, so könnten wir sagen, die Landkarte, sie schafft besondere Orte, sie schenkt Orten einen besonderen Erinnerungswert. Und welche Tiefe sich ihnen durch die Liebe eröffnete! Eines Tages besucht Samuel August seine Hanna in Hult und als er aufbrechen muss, begleitet sie ihn noch ein Stück. Er bedankt sich in einem Brief für die Begleitung und drückt seine Hoffnung aus, dass sie den zurückgelegten Weg nicht bereut habe. Und Hanna antwortet, dass es sie ganz und gar nicht gereut habe: „Gemächlich wanderte ich heimwärts, wobei meine Gedanken mir Gesellschaft leisteten." Ein schöner Satz! Der Gedanken an den geliebten Menschen gibt Kraft und baut ein „Innen" im Menschen auf, das auch äußere Widrigkeiten nicht so leicht erschüttern können. Widrigkeiten können auch Verstimmungen sein oder vielleicht auch ein falsches Wort. Als er einmal das Gefühl hatte, etwas Falsches gesagt zu haben, schreibt Samuel August ganz vorsichtig ans Ende eines Briefes: „Ich will doch stets nur das eine Wörtchen flüstern: ‚Ich hab dich lieb.'" Auch das will die Liebe lehren und lernen – auch bei Regen und

Gewitter den anderen nicht loszulassen; Schritte auf den anderen zuzumachen, wenn sich Distanz zwischen die beiden Liebenden geschoben hat.

Vieles von dem, was wir aus der schlichten Geschichte von Samuel August und Hanna lernen können, findet sich auch in den Schriften Henri Caffarels. Henri Caffarel (1903–1996) war ein französischer Priester, der sich stark in der Seelsorge für Ehepaare engagiert hat. In seinen *Briefen über die christliche Ehe* erinnert er behutsam und klar an die Grundfesten der Liebe. Wenn Menschen einander lieben, tragen sie gemeinsam einen Schatz geteilter Erinnerungen zusammen, von dem sie auch zehren können. Eine lang andauernde Freundschaft oder Ehe ist wie das langsame Errichten eines Hauses oder auch wie das schrittweise Einrichten eines Hauses, das dadurch wohnlich wird – im Haus der geteilten Erinnerung zu wohnen, deutet auf das Geteilte hin, das zusammenführt und aneinander bindet. Unmerklich wächst ein Schatz an Selbstverständlichkeiten, auf den wir zurückgreifen können. Dieses Moment des Selbstverständlichen zeichnet tiefe Liebe – sie ist wie ein Atmen, ein Einatmen und ein Ausatmen. Sie kann als verzehrendes Feuer erfahren werden, aber auch als erfrischendes Wasser; Liebe, die dauert, verzehrt nicht – aber sie müht sich um den anderen Menschen; sie lässt sich nicht gehen und nimmt die Liebe nicht als selbstverständlich. Liebe mag angewiesen sein auf Rhythmus und Gleichmäßigkeit, aber sie sinkt nicht ab in die Nachlässigkeit. „Keinerlei Spur von Liebe ist eingeritzt in den Marmor der Gleichgültigkeit“, schreibt Henri Caffarel in seinem Buch *An Scheidewegen der Liebe.* Liebe ist ein Wagnis – das Wagnis eines Weges, der nicht genau vorgezeichnet ist und sich auch nicht genau planen lässt. Ein Mensch, der liebt, freut sich am Wachstum des geliebten Menschen und will dieses Wachstum fördern. Die Liebe ist die Quelle für das „Ja“ zum Leben. Es ist ja auffallend, dass C. S. Lewis die Hölle als die Unfähigkeit, zu lieben, charakterisiert; als die Unfähigkeit also, am Wachsen des anderen Anteil zu nehmen, über die Gleichgültigkeit hinauszuwachsen. Die Liebe prägt uns, schenkt uns Identität, lässt uns Bindung, Wert und Auftrag erfahren. Liebe lebt von der Schönheit, nährt sich vom Schönen – von schönen Momenten, von schönen Erinnerungen, von schönen Erfahrungen, von schönen Gedanken und Hoffnungen. Und die Erfahrung des Schönen in all seinen Schattierungen lässt uns „Ja“ zum Leben sagen. Ein Mensch, der mit einem anderen Menschen befreundet ist, kann nicht mehr so leben, als ob es gleichgültig wäre, wie er lebt (oder gar dass er lebt). Wohl auch deswegen kann die Liebe die Kraft der Verwandlung entfalten – sie kann uns zu neuen Menschen machen, immer wieder.

Machen wir einen Versuch, ein wesentliches Moment der Liebe herauszuheben, das vielleicht nicht immer gesehen wird: Lieben heißt Zuhören. Einen Menschen zu lieben heißt, ihm zuzuhören; ihm Aufmerksamkeit zu schenken; ihm gegenüber offen zu sein; sich zu freuen an dem, was er preisgibt, was er ist, was ihn ausmacht; das Besondere entdecken. Lieben ist nicht nur ein Tun und Tätigsein, sondern auch ein Empfangen und Zuhören, ein Aufnehmen des Samens, den der andere in das Erdreich des gemeinsamen Bodens steckt. Die hörende Liebe ist fruchtbar. Es ist auffallend, dass in der Heiligen Schrift Gott immer wieder zuhört. Ganz auffallend ist es an der Stelle im Buch Genesis, in der Abraham mit Gott verhandelt. Abraham bittet den Herrn, die Stadt Sodom zu schonen, wenn es einige Gerechte in der Stadt gibt; Abraham „handelt" Gott von fünfzig Gerechten auf zehn Gerechte herunter, so erzählt die Stelle (Gen 18,22–33). Kein einziges Mal wird der Herr unwillig, jedes Mal hört er Abraham aufs Neue zu. Tatsächlich: Gott hört zu. Gott hört Mose zu, immer wieder und immer wieder. „Gott erhört sein Volk", lesen wir immer wieder. „Erhören" ist ein schönes Wort: Es meint ja nicht nur „Hören" und damit „Raum geben für die Selbstmitteilung eines Menschen"; „erhören" meint auch: auf das Gehörte hin tätig werden. Gott erhört Gebete – er vernimmt und antwortet. Gott hört jedes Gebet. Daran wollen wir nicht zweifeln. Aber erhört Gott auch jedes Gebet? Hier könnte man sagen: Gott gibt auf jeden menschlichen Schrei eine Antwort. Gott liebt, indem er zuhört. Und auch unsere Liebe zu Gott hat viel mit Zuhören zu tun. Beten ist ja nicht eine Form des Geschwätzes, sondern hat vor allem mit dem Zauber des Hörens zu tun. Beten ist ein Akt des Liebens; wir können sehr viel über die Liebe lernen, wenn wir über das Beten nachdenken. Beten ist eine Schule des Hörens. Ein Mensch, der zu hören vermag, hat Tiefe. Ein Mensch, der betet, hat größere Tiefe und Fruchtbarkeit in seinem Tun; er lebt mit größerem Ernst und weiß sein Leben eingebettet in einen großen Horizont und getragen von einem mächtigen Fundament. Ein Mensch, der betet, entwickelt Seelenkraft und Fokus.

Der syrische Kirchenvater Aphrahat (gestorben um 345) erinnert uns in seiner Schrift *Über das Gebet* daran, dass die „Reinheit des Herzens" Grund und Ziel des Betens ist. Ein Mensch, der auf das Hören hin frei werden kann, wird rein. Aphrahat beschreibt Stille und Verborgenheit, also das Innere eines Menschen, als besondere Schätze, die wir hüten und pflegen sollen. Die Kraft des Liebens wächst in dieser Tiefe des Verborgenen. Aphrahat schildert den Zusammenhang von Beten und Leben: „Das Gebet wird erhört, wenn sich in ihm Vergebung findet. Das Gebet wird geschätzt, wenn es rein ist von jeglichem Betrug. Das Gebet ist wirksam, wenn es von der Kraft Gottes erfüllt ist." Beten heißt, das Herz nach oben zu erheben und die Augen zu senken. Das ist ein schönes Bild für die Kunst des Zuhörens – offen werden auf den anderen hin und sich selbst zurücknehmen können. Die große Gabe des hörenden Menschen ist die Gabe der Betroffenheit. Evagrius Ponticus, ein ägyptischer Wüstenmönch, der im vierten Jahrhundert gelebt hat, beschreibt das „Gebet um die Gabe der Tränen" als das erste Gebet. Das mag etwas eigenartig klingen, aber die Botschaft ist klar und tief: Ein Mensch, der die Gabe hat, in sein Inneres zu schauen und hier zu erkennen, wie viel noch der göttlichen Gnade anheimzustellen ist, ein Mensch, der die Gabe hat, sich von anderen Menschen berühren zu lassen – das ist ein hörender, liebender Mensch. Auch bei Teresa von Avila (gestorben 1582) wird immer wieder der Zusammenhang zwischen Lieben und Beten betont. Gebet ist Ausdruck einer Freundschaft mit Gott; Gebet ist Suche nach einer persönlichen Begegnung mit dem liebenden Gott. Das innere Gebet gleicht einer Wanderung, gleicht einem Aufstieg auf einen Berg. Hier bedarf es der Demut, der Ehrfurcht, des Vertrauens, der Hingabe, der Bereitschaft zur Erneuerung des Lebens, der Treue und der festen Entschlossenheit. Das sind auch Eigenschaften, die Menschen suchen, die Hörende und Liebende sein wollen. Es bedarf der Demut und der Achtung, um einem Menschen in der Haltung des Hörens zu begegnen. Es bedarf eines Grundvertrauens und auch der Bereitschaft, das eigene Leben zu ändern im Lichte des Gehörten. Die Kunst des Liebens und die Kunst des Hörens sind tief miteinander verbunden. Nach Teresa von Avila erwächst aus dem liebenden und hörenden Beten die Kraft für große Werke. So können wir uns auch in unseren Freundschaften und Partnerschaften fragen, wie sehr wir Demut und Achtsamkeit, Achtung und Aufmerksamkeit aufbringen, um zu hören, zuzuhören, in einem tiefen und fruchtbaren Sinn.

Origines hat die Fähigkeit des Zuhörens mit dem rechten Lebensmaß in Zusammenhang gebracht – er schreibt in Bezug auf das Volk Gottes: „Das ganze Volk konnte man der Weisheit dienen sehen; und um Muße zu haben, die göttlichen Gesetze anzuhören, richtet sie die so genannten Sabbate und die übrigen Feste ein“ (Gegen Celsus IV, 31). Die Sonntage in einer Familie sind auch die Gelegenheiten für das besonders aufmerksame Zuhören. Die Ruhetage, die wir uns gönnen und vielleicht Freunde und Verwandte besuchen, eröffnen auch Räume, wo Hören und Zuhören möglich ist. Die Fähigkeit und Bereitschaft, zuzuhören, ist ein Ausdruck von Geduld. Geduld ist die Kraft des Wartens und Erwartens. Es ist eine ruhig strömende Kraft. Tertullian hat in seiner Schrift *Über die Geduld* aus dem dritten Jahrhundert die Ungeduld mit Fieberhitze und einem Gift verglichen; also mit einer Wallung, die uns nicht zur Ruhe kommen lässt, und mit einer unheilvollen Kraft, die unseren Frieden verdirbt. Die Geduld ist demgegenüber wie Labsaal auf den Wunden eines vor Ungeduld brennenden Menschen; Geduld bedeutet die Bereitschaft, sich anzupassen an einen anderen Rhythmus; auf die Taktschläge eines größeren Zusammenhangs zu lauschen. Tertullian ist sogar der Ansicht, dass ohne Geduld kein gottgefälliges Werk gelingen kann, weil die Geduld ja auch die ruhige Bereitschaft ausdrückt, sich in die Hände Gottes zu begeben und Gottes Zeit und Gottes Pläne abzuwarten und zu achten. Ein anderer Vertreter der frühen christlichen Literatur aus dem dritten Jahrhundert, Cyprian von Karthago, dessen Schrift *Über das Gut der Geduld* tiefe Einsichten in die Natur der Duldsamkeit und Langmut enthält, beschreibt die Geduld in ihrer Fruchtbarkeit. Die Geduld bringt Früchte hervor – die Gleichmut, die Nachsicht, die Sanftmut, die Demut, die Milde. Tatsächlich: Wir alle haben – wohl auch am eigenen Leib – erfahren, dass Ungeduld aufbrausend werden lässt, unduldsam und vielleicht auch etwas unversöhnlich. Ungeduld und Zorn sind ebenso miteinander verbunden wie Stolz und Ungeduld. Cyprian erinnert uns daran, dass die Selbstgefälligkeit ein Hindernis auf dem Weg zur Geduld darstellt. In unserer Selbstgefälligkeit lassen wir vielleicht die Einstellung aufblühen, dass wir ein Recht darauf haben, dass uns alles so gelingt, wie wir uns das vorstellen; dass wir bekommen, was wir wollen – rasch und ohne Verzug. Geduld können wir einüben; wir können tatsächlich wachsen in der Kunst des Geduldigseins, wenn wir immer wieder geduldig handeln; wenn wir immer wieder bewusste Handlungen setzen, die von uns Geduld erfordern – einen Menschen einladen, der sich über die Einladung freut, uns aber etwas abfordert; einen wirklich schönen und wohlüberlegten Brief schreiben, indem wir bedachtsam und geduldig die Wörter wählen; einen Besuch im Krankenhaus machen, bei dem die Verständigung schwierig ist; eine Mathematikaufgabe oder ein schweres Kreuzworträtsel lösen. Wir können uns auch vornehmen, vor einer Autofahrt besonders geduldig zu sein, und nicht den Mut in einem Stau zu verlieren oder ungeduldig mit anderen Verkehrsteilnehmerinnen und Verkehrsteilnehmern zu werden. Schritt für Schritt kann die Geduld wachsen, wenn wir uns darum bemühen und wenn wir dem Wachstum Raum geben. Das kann wirklich anstrengend sein! Mit leichtem Schmunzeln hat der berühmte Theologe Karl Rahner geschrieben, dass es der Geduld bedürfe, um sich Geduld anzueignen … wie wahr! Und doch ist dies der bewährteste Weg, in einer Kunst zu wachsen und in eine Tugend hineinzuwachsen: Wir setzen immer wieder mit Entschlossenheit und Regelmäßigkeit Handlungen, die eben diese Tugend, die wir stärken wollen, erfordern. Ein Pianist wird durch regelmäßiges Üben Fortschritte machen in der Kunst des Klavierspiels. Und was ist Üben anderes als eine Form des Handelns? Der Pianist setzt also einzelne Handlungen des Klavierspiels, um dadurch in seiner Kunst zu wachsen. Ein Mensch, der in der Kunst des Liebens wachsen will, sollte immer wieder liebevolle Handlungen setzen – eben: üben.

Jesus, unser Meister, bei dem wir in die Schule gehen, um die Kunst des Liebens zu lernen, hört Menschen immer wieder zu: Er fragt den kranken Menschen, was er ihm denn tun soll; er hört Marta an, die sich über ihre Schwester Maria beklagt. Er lässt die Kinder zu sich kommen und schenkt ihnen seine Aufmerksamkeit. Und diese Fähigkeit des Hörens als Ausdruck seiner Kraft des Liebens nährt Jesus in Zeiten der Stille und des einsamen Betens zu Gott. Tatsächlich: Lieben ist die Kunst des Hörens. Sie wächst in der Stille. Wer sich selbst und seinem Inneren nahe sein kann, kann Nähe zu Menschen zulassen.

6. Gutes Zusammenleben, gelebte Verantwortung

Geglücktes Zusammenleben – in der Familie, in einem Betrieb, in einer Pfarre – ist nicht nur Geschenk, sondern auch Ausdruck von Anstrengung und Reife. Im Jakobusbrief finden wir die Mahnung, dass gutes Zusammenleben mit „innerer Ordnung“ zusammenhängt: Woher kommen die Streitigkeiten bei euch? Doch nur vom Kampf der Leidenschaften in eurem Inneren (Jak 4,1). Wo Eifersucht und Ehrgeiz herrschen, da gibt es Unordnung und böse Taten aller Art (Jak 3,16). Wir haben schon im Zusammenhang mit dem Wachsen und Reifen gesehen, dass innere Ordnung und äußere Ordnung zusammenhängen. „Gemeinschaftsfähigkeit“ hat wesentlich mit der Fähigkeit und der Bereitschaft zu tun, nicht immer nur den eigenen Vorteil suchen zu wollen, anderen mit Aufmerksamkeit und Achtung zu begegnen. Kein Zweifel: Es ist ein Zeichen für Reife, wenn Menschen miteinander auskommen können.

Eine Gemeinschaft wächst, wenn Menschen anerkennen können, dass sie aufeinander angewiesen sind; dass sie einander viel verdanken. Es ist auch eine Gabe, das Besondere an jedem einzelnen Menschen zu sehen:

Jeder Mensch erzählt auf seine Weise etwas über das Menschsein; jeder Mensch trägt auf seine Weise dazu bei, dass wir nicht vergessen, dass es für das Konzert des Menschseins viele Instrumente braucht. Jede Stimme zählt. Und erst aus dem Gesamtzusammenspiel entsteht die Symphonie. Im Sommer 2008 brachten die „Salzburger Nachrichten" ein Interview mit dem Triangelspieler der Wiener Philharmoniker, Oliver Madas. Herr Madas hat in diesem Gespräch deutlich gemacht, dass die Triangel wirklich kein einfaches Instrument ist. „Da schlägt Metall auf Metall, das ist ein durchdringender Ton, den beim Konzert jeder hört." Da kann man sich also nicht hinter den anderen Instrumenten verstecken. Die Triangel ist allein im Ensemble. Auch das macht sie zu einem heiklen Instrument. Und man kann tatsächlich Fehler machen beim Triangelspielen, da geht es um die Fragen: Wann schlägt man? Wo schlägt man? Wie hart? Und in welchem Winkel? Jede Mikrosekunde, die sich die beiden Metallteile länger berühren, verändert den Klang. „Hält man den Schlägel zu flach", so führt Madas aus, „wird der Ton grob und metallisch. Zu steil, und der Klang wird dünn, phasig und nichtssagend. Erwischt man es richtig, ergibt sich dieser Charakter, gleißend, funkelnd, silbrig." Das unscheinbare Instrument, die Triangel, darf nicht unterschätzt werden. Jeder Ton zählt.

Jeder Mensch zählt. Wenn wir uns an das Konzert des Menschseins annähern, brauchen wir Behutsamkeit und Feingefühl. In einem tiefen Sinn müssen wir uns auch die Schuhe ausziehen, denn wir betreten „heiligen Boden“. Jeder Mensch sagt etwas darüber aus, was Menschsein ausmacht. Wir brauchen einander. Jesus Christus hat dies insofern deutlich gemacht, als er mit kranken Menschen und Menschen mit Benachteiligungen auf eine einzigartige Weise umging: Er hat sie in die Mitte gerufen, er hat sie gefragt, was er ihnen tun könne, hat also wesentliche Antworten von ihnen erwartet. Er hat sie berührt und aufgefordert, aufzustehen. Damit hat er Gemeinschaft aufgebaut, denn: „Aufstehen“ ist ein doppeldeutiges Wort – es heißt „sich aufrichten“, aber auch „sich erheben gegen etwas“. Beide Bedeutungen gehören zusammen. Wir müssen aufstehen und „Ja“ zum Leben sagen in seinen vielen Formen; wir müssen uns aber auch erheben über den Alltag und die Geschäftigkeit und sehen, wo Ungerechtigkeit herrscht und Benachteiligung. Gutes Zusammenleben lässt uns auch aufstehen gegen Ausbeutung und Ausgrenzung. Das gute Zusammenleben weiß um die Vielfalt des Menschseins, um die Fülle und Tiefe. Johannes Paul II. hat, bereits schwer gezeichnet von seiner Krankheit, im Januar 2004 eine Botschaft an die Teilnehmer des internationalen Symposiums „Würde und Recht von geistig behinderten Menschen“ gesandt. Er hat in dieser Botschaft unmissverständlich klargestellt, dass auch ein Mensch mit einer schweren geistigen Behinderung eine „vollkommen menschliche Person [ist] mit den gleichen heiligen und unantastbaren Rechten, die jedem menschlichen Wesen eigen sind“. Der Papst hat daran erinnert, dass ein Mensch mit einer Behinderung uns veranlasst, „mit Achtung und

Weisheit über das Mysterium des Menschen“ nachzudenken. Und weiter: „Je mehr man sich in den dunklen und unbekannten Bereichen der menschlichen Realität bewegt, umso besser versteht man, dass sich gerade in den schwierigsten und besorgniserregenden Situationen die Würde und Größe des Menschen zeigt.“

Diese Erinnerungen an Achtung, an Weisheit, an Mysterium und einen Sinn für menschliche Größe sollten uns zu denken geben – als Einzelne und als Gesellschaft. Sie sagen viel über das gute Zusammenleben aus. Das gute Zusammenleben gelingt, wenn alle mitspielen können im Konzert des Menschseins. Und wenn alle mitspielen, dann wird es auch eine Fülle und Vielfalt an Melodien geben. Da wir vor kurzem das Paulusjahr begangen haben, dürfen wir an das schöne Bild des heiligen Paulus erinnern, dass wir einen Leib bilden, der aber viele Glieder hat, die alle ihre je eigene Aufgabe haben (1 Kor 12).

Wie können wir gut miteinander leben? Diese Frage beschäftigt uns mit Blick auf Familien, Betriebe, Gemeinden, Staaten und Völker. Tiefe Gedanken über das gelingende Zusammenleben finden wir in Regeln für Gemeinschaften, wie sie Ordensgründerinnen und Ordensgründer aufgestellt haben. Diese Regeln sind nicht einfach eine „soziale Grammatik“, also eine Sammlung von Vorschriften, was wir tun und was wir unterlassen sollen. Diese Regeln atmen auch die Atmosphäre, in der sie geschaffen wurden; sie geben die Werte an, von denen die Gemeinschaft gespeist wird; sie erzählen etwas von den Wurzeln der Gemeinschaft, den Anliegen, die mit der Geschichte der Gemeinschaft verbunden sind, und auch von der Idee des guten Lebens, die die Gemeinschaft ausdrückt. Es wäre einen Versuch wert, sich als Familie zu überlegen, nach welcher „Regel“ Eltern und Kinder das gemeinsame Miteinander gestalten wollten. Das ist gar nicht so abwegig. Die in der Erziehung bekannte Idee einer „Familienkonferenz“, bei der anstehende Entscheidungen gemeinsam besprochen werden, ist ein Schritt in diese Richtung. Es wäre ebenfalls fruchtbar, im Rahmen eines Betriebes darüber nachzudenken, nach welchem Regelwerk das Zusammenleben gestaltet wird. Solche Verhaltensordnungen oder auch „Visionen“ sind durchaus üblich. Die Idee, einen Betrieb mit der Idee einer Ordensgemeinschaft zu vergleichen, ist gar nicht so weit hergeholt, geht es doch auch bei einem Betrieb darum, einen gemeinsamen Boden zu finden, eine gemeinsame Vision und gemeinsame Ziele zu haben. Dazu kommt, dass gerade in schwierigen Zeiten die Werte, die die Arbeit in einem Betrieb anleiten, die Kraft für schwierige Vorhaben schaffen.

Sehen wir uns anhand von zwei Beispielen an, wie in der christlichen Tradition gutes Zusammenleben in Ordensregeln dargestellt wurde. Wir wollen uns dabei auf die einflussreiche „Regula Benedicti“ berufen – die Regel des Benedikt von Nursia, die die benediktinischen Traditionen des Zusammenlebens im sechsten Jahrhundert begründet hat –, und auf die Teresianischen Konstitutionen aus dem Jahr 1567, die Regeln für das Gemeinschaftsleben, die die heilige Teresa von Avila aufzeichnet hat. Beide Texte zielen darauf ab, das Zusammenleben von verschiedenen Menschen, die ganz unterschiedliche Lebensgeschichten haben, auf Dauer möglich zu machen. Es geht also nicht um einen Lebensentwurf, der – wie so mancher Neujahrsvorsatz – nur kurze Zeit durchgehalten werden kann, weil er zu viel verlangt und deswegen auf Dauer unrealistisch wird. Nein, diese Regeln verfolgen das Anliegen, ein Leben aus der Mitte, ein Leben mit Maß und Ziel anzuleiten, das nicht nur ohne innere und äußere Schäden gelebt werden kann, sondern geradezu das Beste aus den Menschen herausbringen soll. Wie können Menschen als Einzelne und wie kann eine Gemeinschaft als Ganze gedeihen?

Die Regel des heiligen Benedikt, die ja auch für die Erzdiözese Salzburg so bedeutsam geworden ist, steht im Zusammenhang mit der Gründung des Klosters Monte Cassino, das den Auftakt des westlichen Mönchstums bildet. Zuvor hatte es schon eine Reihe von Regeln für das Gemeinschaftsleben gegeben, da ja mönchische Lebensformen in Ägypten, Palästina, Kleinasien, Syrien, Nordafrika und auch noch an anderen Orten, in Städten und Wüsten, entstanden waren. So konnte Benedikt auf eine Tradition zurückgreifen. Das ist vielleicht eine erste gute Einsicht für unsere Frage nach dem guten Zusammenleben: Wir brauchen Rad und Schrift nicht neu zu erfinden; wir sind gut beraten, wenn wir auf Erfahrungsschatz und Lebensweisheit der Gemeinschaften, die uns vorausgegangen sind, zurückgreifen ... Die Motivation, „alles anders" machen zu wollen, bildet ein wackeliges Fundament. So ist es auch nicht verwunderlich, dass bei der Weitergabe der Tradition des guten christlichen Lebens vor allem die Lebensbeispiele und Lebenszeugnisse von Menschen eine besondere Rolle spielen. Eine Regel, die sich aus dem Leben ergibt, steht auf glaubwürdigerem Fundament als eine Regel, die das Leben hervorbringen soll. Ein Weg, der sich auf der Suche nach gelingendem Leben als gangbar herausgestellt hat, ist einladender als ein Weg, der auf einer wie auch immer genauen Landkarte mit einem Lineal gezogen wurde. Benedikts Regel will nicht originell sein. Darum geht es gar nicht. Sie greift auf Texte der Tradition zurück und möchte einen Rahmen für gelingendes Zusammenleben schaffen. Dies mag in Zeiten des Nachdenkens über Originalität seltsam anmuten, enthält aber auch eine Botschaft: Was sich auf der Suche nach gelingendem Zusammenleben bewährt hat, soll weitergegeben werden. Die Regel des Benedikt, so dürfen wir nach dem Zeugnis Gregors des Großen annehmen, ist Frucht des Lebens von Benedikt, sodass die Regel seine Lebenserfahrung ausdrückt und leibhaft und lebhaft von ihm erfahren wurde, ehe er sie niederschrieb. Sie ist also in erster Linie die Frucht von Erfahrung.

Das Anliegen der Lebbarkeit durchdringt die Regel des Benedikt. Dahinter stehen die Fragen, der sich sämtliche Regelwerke des auf Dauer angelegten Zusammenlebens stellen müssen: Kann die Regel in lebbaren Alltag übersetzt werden? Kann sie Grundlage für alltägliches Miteinander sein? Benedikt stellt die Mahnung, „auf die Weisung des Meisters“ zu hören, an den Anfang seines Prologs der Regel. Das Hören ist die erste

Tugend, wenn Menschen miteinander leben; das Zuhörenkönnen, die Bereitschaft, den anderen reden zu lassen. In diesem Sinne ist „Gehorsam“ als „Hörfähigkeit“ ein Schlüssel zum geglückten Miteinander. Das hat mit der Fähigkeit, empfangen können, mit Aufmerksamkeit und Wachsamkeit zu tun. Es geht, so heißt es im Prolog, darum, „dem Eigenwillen zu widersagen“ – also nicht in erster Linie sich selbst und den eigenen Vorteil zu suchen. Der gemeinschaftsfähige Mensch kann seinen Willen zurückstellen; er kann Rücksicht nehmen, das heißt auch andere in ihren Bedürfnissen sehen, er kann sich zurücknehmen und muss nicht stets den Platz in der Mitte beanspruchen; er kann seine Wünsche auch beherrschen. Eine echte Gemeinschaft ist eine „Schule des Wachstums“, ein Ort, an dem Menschen bleiben und wachsen können. Gutes Zusammenleben verlangt nach gutem Rat – es ist ein Zeichen von Klugheit, so lehrt uns Thomas von Aquin, wenn Menschen bereit sind, aufeinander zu hören. Im dritten Abschnitt der Regel des Benedikt ist die Rede von der Einberufung zum Rat – bei gewichtigen Entscheidungen sind auch die Jungen einzuberufen, die zwar weniger Erfahrung haben, aber dennoch tiefe Einsichten in bestimmte Situationen haben können. Das ist ein Hinweis, der auch für die Berücksichtigung der Stimmen der Kinder in einer Familie wichtig ist. Studien zum Kinderglück haben auch herausgefunden, dass Mitsprachefähigkeit eine zentrale Bedeutung hat.

Benedikt betont in seiner Regel die Bedeutung der Ruhe und der Stille für das Wachsen einer Gemeinschaft; Menschen werden nicht nur durch gemeinsames Tun und Reden, sondern gerade auch durch geteilte Ruhe und gemeinsame Stille in ihrem Miteinander gestärkt. Wir kennen eine Familie, in der die Gewohnheit der Ruhezeit nach dem Mittagessen, die für die kleinen Kinder notwendig war, auch nach dem Älterwerden der Kinder beibehalten wurde. Im Haus herrscht nach dem Mittagessen zwei Stunden lang Stille – hier wächst vieles tatsächlich im Verborgenen. In einer Welt, in der immer mehr öffentliche Räume beschallt werden, ist dies ein wichtiger Hinweis – auch für Betriebe. Ist der Umgang mit Schall nicht auch eine Frage des guten Betriebsklimas?

Besondere Aufmerksamkeit schenkt Benedikt den Brüdern, die Schwierigkeiten machen, und den Kranken. Mit größter Sorge muss sich der Abt um die Brüder kümmern, die sich verfehlen (27,1) – die liebende Sorge um diejenigen, die Fehler machen, ist ein Kriterium für den rechten Umgang miteinander. Der Abt, der Verantwortung trägt, braucht hier das rechte Gespür – aber auch die Bereitschaft zur Strenge. Der Abt – eine Aussage, die wir auf Vorgesetzte wie auf Eltern übertragen können – soll denn nicht stürmisch und nicht ängstlich und nicht maßlos, engstirnig, eifersüchtig und argwöhnisch sein (64,16). Rechte Verantwortung wird auch deutlich in der Rolle des Cellerars, der sich um die irdischen Güter zu kümmern hat (31) – er soll nicht umständlich und nicht verschwenderisch sein; er mache die Brüder nicht traurig; er kümmere sich besonders um Kranke, Kinder, Gäste und Arme.

Wieder sehen wir, dass der Umgang mit Kranken und Schwachen ein besonderes Kriterium für eine gute Gemeinschaft ist – ebenso wie eine Kultur der Gastfreundschaft. Es ist Zeichen einer guten Gemeinschaft, wenn sie auf Gastfreundschaft hin offen ist.

Mehrmals wird in der Regel der Umgang mit den Schwachen hervorgehoben. Bei der Zuteilung des Notwendigen ist auf die Schwächeren Rücksicht zu nehmen (34); den Schwachen gebe man Hilfe, damit sie ihren Dienst verrichten, ohne traurig zu werden (35,3). Besonderes Augenmerk ist auf die Kranken zu legen (36); auch für die Alten und die Kinder ist in besonderer Weise zu sorgen (37) – „immer achte man auf ihre Schwäche" (37,2). Ein Kriterium für eine gute Gemeinschaft ist also der Umgang mit den Schwächeren. Dabei sieht die Regel dies durchaus mit Umsicht. Im Abschnitt über den Umgang mit den Kranken wird festgehalten: „Aber auch die Kranken mögen bedenken, dass man ihnen dient, um Gott zu ehren; sie sollen ihre Brüder, die ihnen dienen, nicht durch übertriebene Ansprüche traurig machen" (36,4). Auch die Kranken und Schwachen tragen Pflichten!

Das gute Miteinander entsteht nach der Regel des Benedikt auch dadurch, dass alle arbeiten – keiner werde vom Küchendienst ausgenommen (35,1). Die körperliche Arbeit – wir könnten auch sagen: das Anpacken, das Mithelfen – hat einen besonderen Wert. Wir haben schon gesehen, dass sie ein Heilmittel gegen Schwächen der Seele in der altchristlichen Literatur ist. Die Regel weist auch darauf hin, dass „Müßiggang der

Seele Feind“ ist (48,1); auch bei den Kranken und Schwachen ist Müßiggang zu vermeiden, auch wenn jegliche Beschäftigung unter dem Vorzeichen des Maßes steht: „Kranken oder empfindlichen Brüdern werde eine passende Beschäftigung oder ein geeignetes Handwerk zugewiesen; sie sollen nicht müßig sein, aber auch nicht durch allzu große Last der Arbeit erdrückt werden“ (48,24). Für alle Aufgabenbereiche im Kloster gelte der Grundsatz: „Wer Hilfe braucht, soll sie erhalten; wer jedoch frei ist, übernehme gehorsam jeden Auftrag“ (53,20). Und: „Der Abt erwäge aber immer jenen Satz der Apostelgeschichte: ‚Jedem wurde so viel zugeteilt, wie er nötig hatte“ (55,20).

Das gute Miteinander hat schließlich auch damit zu tun, dass in der Gemeinschaft eine Ordnung und eine Hierarchie herrscht. Es stehen nicht alle auf derselben Stufe, es gibt eine Rangordnung in der Gemeinschaft (63) – die Jüngeren sollen die Älteren ehren, die Älteren die Jüngeren lieben (63,10). Diese Ordnung der Gemeinschaft wird besonders durch das „Hören“ ausgedrückt. Wir haben schon gesehen, dass „Lieben“ und „Zuhören“ miteinander verbunden sind. Die Regel spricht davon, dass die Brüder einander gehorchen müssen (71,1), wir könnten sagen: aufeinander hören müssen, ein offenes Ohr und eine Bereitschaft zum Dienst für den anderen zu haben. Und wieder sehen wir: Das gute Miteinander hat damit zu tun, dass auch das Innere geordnet wird, dass wir auch wachsam mit den „Schwächen der Seele“ umgehen. Das rechte Maß dient als Leitschnur. Diese Überlegungen können sicherlich auch für Familien, Betriebe und Pfarrgemeinden ihre Fruchtbarkeit entfalten. Ein maßvolles Leben ist allemal Grundlage für eine gute Gemeinschaft.

Auch Teresa von Avila hat in ihren Regeln für das Gemeinschaftsleben besonderen Wert auf die Mäßigung gelegt. Die Anfänge der Teresianischen Konstitutionen gehen schon auf das Jahr 1560 zurück; die spanische Heilige hat sich also viel Zeit gelassen, um zu einer reifen Fassung ihrer Regeln zu gelangen. Dazu kommt, dass die fünf Jahre vor 1567 nach den Worten Teresas von Avila die ruhigsten Jahre in ihrem Leben gewesen seien. Sie hat in dieser Zeit wohl besondere Freiheit und Ruhe zum Beten, Durchdenken und Gestalten der Regeln gehabt. Das gibt diesen Regeln eine besondere Tiefe. Teresa von Avila betont die Ordnung des Inneren und die Pflege des Inneren für eine Gemeinschaft. Sie hebt auch ein „Grundnahrungsmittel für die Seele", die rechte Lektüre, hervor – „denn in gewissem Sinn ist diese Nahrung für die Seele ebenso notwendig wie die Speise für den Leib" (8). Diese Bedeutung des Inneren ist wohl auch eine Einladung für Menschen, sich Zeit für sich zu nehmen, Ruhe zu pflegen, Räume für die Stille zu schaffen. Die Novizenmeisterin als diejenige, die Verantwortung für das geistliche Wachstum der jungen Schwestern hat, besitze große Klugheit, tiefen Gebetsgeist und ein solides geistliches Leben (40) – sie bestehe mehr auf dem Inneren als auf dem Äußeren; sie zeige den Novizinnen den Weg zum inneren Wachstum, zu den inneren Quellen. Was würde geschehen, wenn man diese Gedanken in die Sprache der „Mitarbeitermotivation“ übersetzt?

Ähnlich wie die Regel des Benedikt spricht auch Teresa von Avila vom sorgsamen Umgang mit den Schwachen, Kranken und denjenigen, die sich verfehlt haben. Die Kranken sollen mit Liebe, Verwöhnung und Hingabe gepflegt werden (23); die Kranken sollen freilich auch der Krankenschwester gehorchen, sie haben auch Pflichten. Im Umgang mit den Kranken setzt Teresa von Avila eine klare Option: „Darauf verwende die Priorin große Sorge, dass es eher den Gesunden am Notwendigen als den Kranken an mancher Erleichterung fehlt“ (23). Die Kranken sind nicht mit denselben Maßstäben zu messen wie die Gesunden. Es gilt der Blick auf die besonderen Bedürfnisse; jeder Mensch wird als besonderer Mensch wahrgenommen und behandelt: Alle sind mit allem Notwendigen zu versorgen, freilich liebevoll und mit einem Blick auf die besonderen Bedürfnisse und das jeweilige Alter (22). Teresa ermuntert auch dazu, die eigenen Bedürfnisse mitzuteilen. Das gute Miteinander hat also ganz wesentlich mit diesem Blick auf Besonderes zu tun. Auch Fehler und Vergehen sind mit Umsicht zu behandeln. Hier muss man Takt im Umgang mit den Fehlern anderer an den Tag legen (29). Die Mutter Oberin soll mit liebevollem Eifer, Gerechtigkeitsliebe und ohne Verschleierung auf die Fehler reagieren (46). Man kann sich vorstellen, dass dies auch auf eine Betriebskultur Auswirkungen hat. Worin bestehen nun gemeinschaftsgefährdende Fehler? Teresa von Avila zählt die Nachlässigkeit auf, das Hereinbringen von Unruhe und Lärm (49), die üble Nachrede und die Lüge (51), Zorn.

Der Blick auf Details ist nicht nur eine Eigenschaft Teresas, die sich in den Regeln spiegelt, sondern auch eine gemeinschaftsstärkende Tugend. Teresa mahnt dazu, auf die kleinen Dinge zu achten, durch die die Gemeinschaft gestört werden kann (10). In ihrem Fall sind es kleine Privilegien, die die Gemeinschaft zerstören können – durch kleine Dinge kann es zu einer Erschlaffung des Guten kommen. Der Blick auf Details ist auch wichtig, wenn es um die Vorbildwirkung geht: Die Putzordnung beginne mit der Mutter Priorin, damit diese in allem ein gutes Beispiel gebe (22). Nicht nur, dass hier wiederum die körperliche Arbeit betont wird, wir sehen hier auch den Wert der geteilten Arbeit. „Jede bemühe sich zu arbeiten, damit die anderen zu essen haben" (24). Alle tragen zur Gemeinschaft etwas bei – aber niemand soll unter Druck gesetzt werden; so hält Teresa von Avila eigens fest, dass den Schwestern niemals Fristarbeit gegeben werden soll (24), also eine Arbeit, die innerhalb einer bestimmten Frist abgeschlossen sein muss. Den die erwähnte „Akedie", die innere Kraftlosigkeit, hat viel mit zu großem Druck zu tun, dem Menschen ausgesetzt sind. Auch das können wir uns für Familien, Betriebe und Pfarrgemeinden zu Herzen nehmen.

Ein Letztes: Teresa betont die Bedeutung der Dankbarkeit für die empfangenen Almosen (25). Hier könnten wir uns fragen, welchen Stellenwert die Dankbarkeit als eine gemeinschaftsfördernde Tugend haben soll. Eine dankbare Gemeinschaft ist eine solche, die darum weiß, dass so vieles nicht selbstverständlich ist; eine dankbare Gemeinschaft kann auf das blicken, was in einer Gemeinschaft intakt ist; eine dankbare Gemeinschaft kann sich den Blick auf das Gute erhalten. Es ist für eine Familie eine wichtige Gewohnheit, immer wieder gemeinsam „Danke“ zu sagen für all das, was geschenkt wurde. Das amerikanische „Thanksgiving“-Fest, das auch in nichtreligiösen Familien gefeiert wird, wie auch unser Erntedankfest sind solche Feiergelegenheiten, bei denen wir den Geist der Dankbarkeit in einer Gemeinschaft vertiefen – und dadurch auch die Gemeinschaft stärken.

So können wir aus diesen beiden Regeln „Ordnungen“ für das gute Miteinander lernen. Diese Ordnungen haben vor allem auch mit der Übernahme von Verantwortung zu tun. Die Ordnung des Lebens lehrt uns, dass wir, wenn wir auf festem Grund stehen, auch Verantwortung übernehmen müssen. Sie lehrt uns aber auch, dass wir auf festem Grund stehen müssen, um Verantwortung übernehmen zu können. Auf diese Verantwortung werden wir durch Erfahrungen, die wir machen und Zumutungen, die wir erfahren, vorbereitet. Das gute Miteinander ist von gelebter Verantwortung nicht zu trennen. Hier gibt es auch Regeln der Verantwortung, auf die wir achten müssen: Es kommt die Zeit, wo wir aufgerufen sind, etwas an die Gemeinschaft zurückzugeben oder auch: unsererseits die Gemeinschaft, die uns geprägt hat, zu formen und das Gemeinwesen mitzugestalten. Verantwortung für Kinder zu übernehmen, Verantwortung für Dienste, Verantwortung für Mitarbeiterinnen und Mitarbeiter, Verantwortung auch für Eltern oder Großeltern … das Rad des Lebens dreht sich und in diesem Zyklus verändert sich die Verantwortlichkeit, die man von uns erwarten kann – ein Kind wird wenig Verantwortung haben, ein erwachsener und gesunder Mensch sehr viel, ein kranker und alter Mensch wieder weniger. Wir könnten hier von einem „Zyklus der Verantwortung" sprechen. Es ist gewissermaßen so, dass ein Maß an Verantwortung in einer Gemeinschaft (in einer Familie, in einem Betrieb, in einer Diözese, in einer Schule, in einer Stadt) zu verteilen ist. Und das Quantum, das einem Menschen zugeteilt wird, hängt im Idealfall mit Bereitschaft und Fähigkeit zusammen, die ihrerseits in einem Gleichgewicht stehen müssen. Ein Mensch, der über große Fähigkeiten verfügt, muss bereit sein, Mehr an Verantwortung zu übernehmen. Und wenn seine Fähigkeiten abnehmen, muss er bereit sein, Verantwortung abzugeben. Die Verteilung von Verantwortlichkeit ist eines der schwierigsten Unterfangen in einem Gemeinwesen. Der Philosoph Robert Nozick beschreibt seine Erfahrung nach dem Ableben seines Vaters als die Einsicht: Nun stehe ich in der ersten Reihe; nun entspricht es der Ordnung des Lebens, wenn ich der Nächste bin, der stirbt. Sein Lebensgefühl hatte sich grundlegend geändert – selbst wenn wir es „wissen", dass unsere Eltern in der Regel vor uns aus diesem Leben scheiden, ändert sich Tiefgreifendes, wenn die Eltern sterben. Robert Nozick vergleicht es – kein schönes Bild, aber nicht unzutreffend – mit dem Einsatz an der

Front – wenn du in der zweiten Reihe stehst und auf einmal die erste Reihe umkommt, rückst du in die erste Reihe auf und du weißt, was das bedeutet.

Vom Wandel der Verantwortungsverteilung erzählt die jüdische Tradition, wenn sie im Buch Deuteronomium und im Buch Josua des Alten Testaments den Übergang von Mose zu Josua als dem Anführer der Israelitinnen und Israeliten schildert. Josua wurde mit der Nachfolge Mose betraut. Das ist keine leichte Aufgabe. Mose wurde als derjenige geschildert, der in vertrauter Weise mit Gott umging, der das Volk Israel aus Ägypten herausgeführt und mit der Hilfe Gottes viele Wunder gewirkt hatte. In diese Fußstapfen musste Josua treten. Josua war ein Vertrauter des Mose, der auf Geheiß des Mose schon früh in den Kampf zieht (Ex 17,9–15). Josua war freilich nicht so eng an Mose gebunden wie dessen Bruder Aaron. Aaron starb ja vor Mose und konnte deswegen nicht „der logische Nachfolger" werden. Die Übergabe von Verantwortung lässt sich – wie viele Familienbetriebe können davon erzählen – nicht bis ins Letzte planen. Josua begegnet uns an unscheinbarer Stelle im Buch Exodus als einer, der von Mose mit der Führung in einer Kampfhandlung betraut wurde. Mose stand währenddessen auf dem Gipfel eines Hügels und leitete das Kampfgeschehen mit seiner erhobenen Hand. Diese unscheinbare Szene ist durchaus eine Schlüsselszene: „Solange Mose seine Hand erhoben hielt, war Israel stärker" (Ex 17,11). Aaron und Hur unterstützten die Hände des Mose bis zum Sonnenuntergang, sodass Josua – „mit scharfem Schwert“, wie es heißt (Ex 17,13) seine Gegner besiegte. Sodann erging die Weisung des Herrn an Mose: „Halte das zur Erinnerung in einer Urkunde fest und präg es Josua ein!“ (Ex 17,14). Warum ist das eine Schlüsselszene? Mose führt und übernimmt die Verantwortung nicht durch die Tat, sondern aus einer gewissen Entfernung und Höhe, die ihm Überblick ermöglicht. Mose greift nicht aktiv in das Kampfgeschehen ein, sein Beitrag ist nicht die jugendliche Kraft, sondern die reife Weisheit und Übersicht, die sich vor allem in der Gottnähe zeigt. Josua ist jung und stark und wird von Mose mit der Verantwortung für den Kampf betraut. Und nach dem Sieg soll Josua Wesentliches lernen können – dies wird durch die Erinnerung unterstützt. Mose bereitet Josua auf Verantwortung vor, indem er ihm Verantwortung anvertraut und ihn aus dieser Erfahrung Wesentliches (nämlich Gottvertrauen!) lernen lässt. Josua wird später daran erinnert, dass er mit eigenen Augen gesehen hat, was in Gottes Macht liegt; deswegen brauche er keine Angst zu haben (Dtn 3,21). Durch die Kraft der Erinnerung wird das Gottvertrauen gestärkt und Josua für seine Aufgabe als furchtloser Anführer vorbereitet. Josua wird als „Diener Mose“ geschildert, der mit Mose auch auf den Gottesberg steigen darf, auf dem die Erscheinung des Herrn den Bund besiegelt (Ex 24,13). Josua wird über seine Loyalität zu Mose beschrieben, die ihn in die Nähe des Wesentlichen (in die Nähe Gottes) rücken lässt. Josua ist ein „junger Mann“, der Mose nicht von der Seite weicht (Ex 33,11). Josua wird also auf seine

Verantwortung durch die Ermöglichung von Gottnähe vorbereitet und zeichnete sich durch Treue zu Gott aus (Num 32,12). Josua wird reif für die Verantwortung, weil er sich am Wesentlichen ausrichtet. Gleichzeitig ist Josua auch Bindeglied zwischen Mose und dem Volk – Josua wird auch durch die Nähe zum Volk unentbehrlicher Begleiter für Mose – er macht Mose etwa auf Unruhe im Lager des Volkes Israel aufmerksam, die im Zusammenhang mit dem Tanz um das Goldene Kalb entbrannt ist (Ex 32,17).

Josua wird schrittweise in seine Verantwortung eingeführt. Er bekommt eine neue Rolle, die sich auch in einem neuen Namen niederschlägt: Mose gibt Josua einen neuen Namen: „Hoschea aber, den Sohn Nuns, nannte Mose Josua“ (Num 13,16). Bald erfolgt der erste Auftritt Josuas vor der versammelten Gemeinde (Num 14,6) – das ist eine Bewährungsprobe. Eine Schlüsselstelle für die Verantwortung des Josua ist dann seine eigentliche Berufung (Num 27,12–23): Josua wird hier von Gott in einer Weisung als Nachfolger des Mose eingesetzt; er hat also viel Zeit, sich auf seine große Aufgabe vorzubereiten. Gleichzeitig hat Mose viel Zeit, ihn einzuschulen und selbst seinen Abschied zu planen. Verantwortung ist stets auch mit Macht verbunden: Die Weisung des Herrn erging an Mose, Josua Macht zu verleihen (Dtn 1,38) – seine Macht besteht darin, das Land zur Verteilung zu bringen (Dtn 3,28). Die Führungsaufgabe des Josua ergibt sich schließlich aus den Grenzen des Mose: Mose wird nach dem Entschluss des Herrn, weil er einen Mangel an Gottvertrauen gezeigt hat, das Volk nicht in das Gelobte Land führen (Num 20,12). Damit werden Mose durch dessen Fehlverhalten Macht und Verantwortung entzogen. Die dadurch entstehende Ordnungslücke wird von Josua gefüllt, der auf diese Verantwortung vorbereitet wird, die Führungsgewalt von Mose zu übernehmen. Mose setzt Josua als seinen Nachfolger ein, indem er offen seinen Verantwortungsverlust schildert und mit dieser demütigen Souveränität die Macht und Stärke an Josua abgibt (Dtn 31,7). Josua war vom Geist der Weisheit erfüllt, weil Mose ihm die Hände aufgelegt hatte (Dtn 34,9). Mose stirbt und daraufhin übernimmt Josua die Verantwortung: Gott spricht zu ihm und bettet den Führungsauftrag an Josua in die Vergangenheit ein; Josua wird an die Geschichte des Volkes erinnert und gleichzeitig auch an die Verheißungen, die die Geschichte des Volkes begleiten. Die Beauftragung des Josua erfolgt mit dem Aufruf zur Furchtlosigkeit: „Ich lasse dich nicht fallen und verlasse dich nicht! Sei mutig und stark!“ (Jos 1,5f). Und noch einmal werden am Ende der Beauftragung diese Worte wiederholt: „Habe ich dir nicht befohlen: Sei mutig und stark? Fürchte dich also nicht, und hab keine Angst; denn der Herr, dein Gott, ist mit dir bei allem, was du unternimmst!“ (Jos 1,9). Hier wird für die Übernahme von Verantwortung deutlich: Wir fangen nicht bei einem Nullpunkt an, sondern sind immer eingebettet in eine Geschichte, die wir auch ehren und achten wollen; wir sind auf den Beistand und den Segen Gottes angewiesen; Verantwortung verträgt sich nicht mit Angst und

Mutlosigkeit. Diese drei Einsichten gelten wohl für sämtliche Formen gelingender Verantwortungsübernahme, in der Familie, im Berufsleben. Nach seiner Beauftragung ergreift Josua das Wort – und wird zur gestaltenden Führungspersönlichkeit. Er wendet sich mit einer Weisung an das Volk und delegiert Macht, indem er Menschen beauftragt. Er erinnert die Menschen an Mose und bettet damit auch seine Arbeit in die Geschichte ein. Das Volk reagiert mit den gleichen Worten, wie sie zuvor von Gott ausgesprochen wurden: „Sei mutig und stark!" (Jos 1,18) – Josua wird also „von oben" und „von unten" ermutigt. Das ist gelungene Verantwortung, die eine Gemeinschaft aufbaut.

Es ist Zeichen eines reifen Menschen, Verantwortung übernehmen zu können; denn Reife hat auch mit der Freude am Blühen anderer Menschen zu tun. Ein reifer Mensch freut sich, wenn die ihm anvertrauten Menschen wachsen und sich entwickeln; ein reifer Mensch fördert die Menschen, die mit ihm arbeiten. Das ist keineswegs selbstverständlich. Kommen wir noch einmal auf das erwähnte Kinderbuch *Das fliegende Klassenzimmer* von Erich Kästner zurück. Erich Kästner schildert in dieser Weihnachtsgeschichte ein Internat, in dem der Hauslehrer Dr. Bökh als guter Begleiter von jungen Menschen auf ihrem Weg beschrieben wird. Wir denken an folgende Schlüsselszene: Dr. Bökh, der Lehrer, sieht im einsamen Park Fußspuren eines Schülers und geht ihnen nach. Dort findet er Martin, der allein sein möchte. Es entwickelt sich folgender Dialog:

„Wann fährst du denn heim?"
„Ich fahre nicht nach Hause."
„Wollen denn deine Eltern nicht, dass du kommst?"
„Doch."
„Und du? Willst du denn nicht?"
„Doch. Ich will auch."
„Na, zum Donnerwetter, noch einmal! Was soll denn das heißen? Sie wollen! Du willst! Und trotzdem bleibst du hier? Woran liegt das denn?"
„Das möchte ich lieber nicht sagen. Darf ich jetzt gehen?" Aber der Lehrer hielt ihn fest. „Moment, mein Sohn!", sagte er. Dann beugte er sich zu dem Jungen hinab und fragte ihn sehr leise, als dürften es nicht einmal die Bäume hören: ‚Hast du etwa kein Fahrgeld?"

Martin nickt und beginnt jämmerlich zu schluchzen. Sein Lehrer stand erschrocken daneben. Er wartete eine Weile. „Er wusste, dass man mit dem Trösten nicht zu früh beginnen darf." Dann nahm er sein Taschentuch, zog den Jungen zu sich heran und wischte ihm das Gesicht ab. Und dann gab er ihm als Weihnachtsgeschenk mit dem ausdrücklichen Auftrag, dies als Geschenk anzunehmen, das Fahrgeld. Eine berührende Stelle – wir sehen die Behutsamkeit, mit der sich der Lehrer vortastet; die Kunst der Aufmerksamkeit und des Zuhörens. Und die Haltung der „Antwort" auf den stummen Schrei des Kindes. Verantwortung heißt ja vor allem: Antwort geben auf die Fragen, die die Gemeinschaft und das Leben an uns herantragen.

7. Gelingender Abschied

Loslassen gehört zu den schwierigsten Übungen im menschlichen Leben. Im Lauf eines menschlichen Lebens stellt sich immer wieder die Frage nach Aufhören, Abschiednehmen, Loslassen. Jede Sportlerin muss den Zeitpunkt ihres Rücktritts bestimmen oder zur Kenntnis nehmen; berufstätige Menschen scheiden an einem gewissen Punkt aus der Arbeitswelt aus; Menschen, die über Macht und Einfluss verfügt haben, werden merklich oder unmerklich schwächer – ein Bauer übergibt den Hof, die Seniorchefin übergibt an die Juniorchefin. Eltern müssen ihre Kinder loslassen, Kinder ihre Eltern. Abschiednehmen verlangt, so scheint es, vor allem nach zwei Tugenden: nach der Demut, ganz realistisch einzusehen, dass etwas zu einem Ende kommt; und nach dem Mut, mit neuen, vielleicht auch schweren Bedingungen gut zurechtzukommen. Ja, Abschiednehmen bedarf der Demut – dem Wissen um die eigenen Grenzen, dem Wirklichkeitssinn, dass wir nicht der Mittelpunkt der Welt sind, in der wir leben und dass uns Veränderungen auch zugemutet werden. Ja, Abschiednehmen hat viel mit Tapferkeit zu tun. Tapferkeit ist die Fähigkeit, auch unter widrigen Umständen am Guten festzuhalten; den Weg der Liebe und der Menschlichkeit zu gehen, auch wenn es schwerfällt. In der letzten Lebensphase des Menschen ist die Kunst des Abschiednehmens von besonderer Bedeutung. Es gilt nun nicht mehr in erster Linie, das Leben aufzubauen, Verantwortung für andere Menschen zu tragen, das Leben zu gestalten; sondern es gilt auch, zuzulassen, sich formen zu lassen, loszulassen. Es kommt der Zeitpunkt des letzten Arbeitstags, der letzten Autofahrt, des letzten geschriebenen Buches, der letzten Urlaubsreise, des letzten Tages im eigenen Haus. Durch dieses Loslassen werden wir vorbereitet auf den letzten großen Schritt, bei dem wir alles Sichtbare zurücklassen. So gesehen ist es ein Zeichen menschlicher Reife, loslassen zu können. Wir können uns hier bange fragen, was denn mit menschlicher Reife geschieht, wenn die „Kultur der Jugendlichkeit“ immer weiter ausgedehnt wird; wenn Menschen mit dem Versprechen konfrontiert werden, die Grenzen des Daseins immer weiter hinauszuschieben?

In der Geschichte der Religionen und der Philosophie gab es immer wieder die Idee der „Sterbereife“, die Idee, an einen Punkt gekommen zu sein, an dem man alles loslassen kann. So drückt es der alte Simeon aus, der auf das Kommen des Messias gewartet hat und den nur wenige Tage alten Jesus in die Hand nehmen durfte: „Nun lässt du, Herr, deinen Knecht, wie du gesagt hast, in Frieden scheiden. Denn meine Augen haben das Heil gesehen“ (Lk 2,29–30). Simeon drückt seine Dankbarkeit aus, dass sein Leben zur Erfüllung gekommen ist. Er ist versöhnt mit seinem Lebensweg und sein Gebet wird täglich in der Komplet, dem Nachtgebet der Kirche, gesprochen – um auch hier die Bereitschaft auszudrücken, alles loszulassen, wenn Gott es will. Das ist „Sterbereife". Es ist die Einsicht in die „erfüllte Zeit".

Eine gute Übung auf diesem Weg zur Sterbereife, zu gelingendem Abschied, ist die einfache Frage: Wenn du nur mehr dreißig Tage zu leben hättest – was würdest du tun? Diese Frage lädt zu einer geistlichen Übung ein, die uns über das nachdenken lässt, was uns wesentlich scheint. Eine Antwort auf diese Frage könnte lauten: Wenn ich nur mehr dreißig Tage zu leben hätte, dann würde ich mich um Versöhnung und Vergebung bemühen, um Aussöhnung und die Heilung von Beziehungen. Ich würde die Menschen aufsuchen, mit denen ich in vergifteten oder belasteten Beziehungen verstrickt bin, und diese Beziehungen zu entgiften, zu lösen suchen. Ich möchte ohne die Last von schwelenden Konflikten leben. Das ist wohl das Erste. Wenn ich nur mehr dreißig Tage zu leben hätte, dann würde ich versuchen, zu wachsen und zu reifen, zu lernen, was noch zu lernen ist, vor allem zu lernen, weiterzukommen auf dem Weg der Liebe. Hier würde ich mich bemühen, noch besser zu lernen, mit den Krankheiten der Seele umzugehen, von denen wir gesprochen haben. Die nicht berechnende und nicht messende Liebe zu lernen, darum wird es in den letzten dreißig Tagen in einer ganz besonderen Weise gehen. Der Weg der Liebe ist ein Weg, der nicht zu einem Ende kommt. Hier gibt es stets Neues zu lernen. Wenn ich nur mehr dreißig

Tage zu leben hätte, wäre das wie ein Intensivkurs in der Kunst des Liebens. Das ist das Zweite. Und ein Drittes: Wenn ich nur mehr dreißig Tage zu leben hätte, dann würde ich mich bemühen, loszulassen; Zuständigkeit, Macht und Verantwortung aus der Hand zu geben; freudig und demütig an einer Gemeinschaft zu bauen, die ohne mich weiterleben wird. Ich würde lernen wollen, das Feuer, das ich gehütet habe, weiterzugeben, selbst kleiner zu werden, damit andere wachsen können. Ich würde mich bemühen, mich auch innerlich von dem zu lösen, was in der Welt, von der ich mich verabschiede, geschieht. Ich würde mich bemühen, mich zurückzuziehen, ohne Groll und ohne Bitterkeit und mit allen guten Wünschen für das Gedeihen der Welt, die ich verlasse.

Wenn du nur mehr dreißig Tage zu leben hättest, was würdest du tun, wie würdest du leben? Das ist eine geistliche Frage. Geistliche Fragen laden uns ein, in uns zu gehen, am Wesentlichen zu rühren, innerlich zu wachsen. Es tut gut und es tut weh, sich dieser Frage zu stellen. Was würdest du in den letzten dreißig Tagen tun? Und dann tritt eine weitere geistliche Frage hinzu: Wenn du eine Antwort auf diese Frage kennst – warum fängst du mit der Kultur der Vergebung, dem Lieben, dem Lernen und Loslassen nicht jetzt schon an?

Ja, warum eigentlich nicht? Wir sind in unserem Leben eingeladen, aus einem Geist des Anfangs heraus zu leben – die Dinge so zu tun, als würden wir sie zum ersten Mal tun – um den Sinn für das Geheimnisvolle, den Sinn für das Mysterium nicht zu verlieren. Der Dirigent

Benjamin Zander hat in einem Buch über „die Kunst der Möglichkeit" geschrieben, dass manche Musikerinnen und Musiker zu gut sein können, um ein Stück gut spielen zu können. Eine Violinistin kann zu gut sein, um ein bestimmtes Stück gut zu spielen. Wie das? Wenn sie das Stück „im Schlaf" beherrscht oder wenn das Stück unter ihrem Niveau ist, dann fehlt beim Spielen des Stückes das innere Beben, die Erfahrung des An-die-Grenze-Gehens, dann auch die Dankbarkeit, wenn es gelungen ist. Das Stück wird selbstverständlich, es wird über die Maßen vertraut, verliert an Frische, wird vielleicht etwas schal und eingebettet in eine souveräne Routine. Und dabei geht der Anfängergeist verloren. Das ist der Geist, der uns Dinge tun lässt, als würden wir sie zum ersten Mal tun – mit der Achtung vor der Aufgabe, mit der Freude an der Herausforderung, mit der Demut des Menschen, der am Anfang steht. In einer Ehe etwa ist es wichtig, die Anfänge nicht zu verschütten; die zarten Anfänge mit der Scheu vor der anderen Person, der Zärtlichkeit und Unsicherheit, der Behutsamkeit und der schieren Freude ob des Daseins des geliebten Gegenübers. Es ist Nahrung für die Ehe, diese Anfänge nicht durch Selbstverständlichkeiten und Routine zuzudecken; sich auch die Frage zu stellen, wie es denn begonnen hat, um daraus den Zauber und das Geheimnis zu nähren, das dem Leben Tiefe und Weite gibt. Der Anfängergeist bewahrt davor, dass wir in schaler Selbstverständlichkeit leben und es uns in einer Welt einrichten, in der jeder Winkel ausgeleuchtet ist. Das ist die Einladung zu einem Geist des

Anfangens, der auch im beruflichen und auch im religiösen Leben eine so wichtige Rolle spielt.

Neben dieser Einladung, aus einem Geist des Anfangs zu leben, ergeht die Einladung an uns, aus einem Geist des Loslassens zu leben; jederzeit bereit zu sein, Dinge loszulassen, aus der Hand zu geben. Wenn wir ehrlich zu uns selbst sind, wissen wir, dass das Leben an einem seidenen Faden hängt – unser Leben kann sich in einem Augenblick durch einen Unfall, durch eine Nachricht, durch ein Ereignis von Grund auf verändern. Unser Leben ist eingebettet in ein Netz von Beziehungen zu Menschen, deren Leben Veränderungen unterworfen ist, kleineren und größeren, angekündigten und unerwarteten. Und hier ergeht der Ruf an uns, aus einer inneren Haltung des Loslassens zu leben. Das ist kein Widerspruch zum Geist des Anfangens. Wenn ich meine Arbeit im Bewusstsein tue, dass es das letzte Mal sein könnte, werde ich behutsam und achtsam und komme der Haltung dessen, der eben begonnen hat, wieder näher. Die Kunst des Loslassens und die Kunst des Beginnens hängen miteinander zusammen. Und so können wir die geistliche Frage noch einmal stellen: Wenn du weißt, was du in den deinen letzten dreißig Tagen tun wolltest – warum fängst du nicht jetzt schon damit an? Warum fängst du nicht an, aus einer Haltung des Vergebens, des Lernens, des Liebens und des Loslassens zu leben? Ein junger Mensch stellt sich diese Frage anders als ein Mensch im fortgeschrittenen Alter. Wenn sich das Bewusstsein einstellt „Es bleibt nicht mehr viel Zeit“, werden diese Anliegen des Loslassens drängender und dringlicher. Hier kann nicht mehr viel aufgeschoben und vorgeschoben werden. Hier wird der Spielraum, die Begrenztheit des eigenen Lebens zu vergessen und zu überspielen, kleiner. Hier stellen sich die Fragen nach dem guten Abschied. Freilich: Die Haltung des Loslassens und die Fähigkeit zum guten Abschied soll nicht nur das Vorrecht älterer Menschen sein. Es ist wohl ein Zeichen von innerer Reife, aus einer Haltung des Loslassens zu leben; gleichwohl, das Leben fest in die Hand zu nehmen und zu gestalten. Diese Haltung wird in der ignatianischen Tradition, der Tradition nach Ignatius von Loyola, als „aktive Indifferenz“ bezeichnet; als eine innere Haltung, die bereit ist, loszulassen, aber dennoch kraftvoll das Leben „anzupacken“.

Eindrücklich wird diese Kunst des Abschieds von Joan Anderson beschrieben. In ihrem Buch *Spaziergang am Meer* (*A Walk on the Beach*) erzählt Joan Anderson, wie sie bei einem Spaziergang am Strand von Cape Cod die Bekanntschaft der über neunzigjährigen Joan Erikson macht. Joan Erikson ist die Ehefrau (später Witwe) des berühmten Psychologen Erik Erikson, der so viel über die Stadien der menschlichen Identität nachgedacht hat. Joan Anderson ist selbst in einer Ehekrise und findet bei der über vierzig Jahre älteren Frau Halt und Lebensweisheit. Joan Erikson bringt ihr bei, nicht aufzuhören, zu spielen; stets bereit zu sein, Herausforderungen anzunehmen; die Welt mit allen Sinnen wahrzunehmen; sich auf die Stärken zu verlassen und auf die Stärken im eigenen Leben zu blicken; das eigene Wissen mit Menschen zu teilen. Nach dieser Lebensweisheit hat auch Joan Erikson den letzten Abschnitt ihres Lebens gestaltet. Berührend ist die Beschreibung von Joans eigenem Schwächerwerden; sie, die ihrer Freundin Halt gegeben hat, ist nun selbst auf Halt angewiesen – auch das ein Geheimnis gelingenden Abschieds: Lebe eingedenk des Angewiesenseins, das uns Menschen zusammenhält. Hilf den Schwachen, wenn du stark bist, lass dir helfen, wenn du schwächer wirst! Im eingangs erwähnten Roman *The Edge of Sadness* von Edwin O'Connor gibt es einen Schlüsseldialog zwischen der Hauptfigur, Pfarrer Hugh Kennedy, und seinem Bischof. Der Pfarrer ist alkoholkrank und der Bischof möchte ihm Mut machen, sich helfen zu lassen – und damit auch Abschied von der Pfarre zu nehmen. „Wir sind aufeinander angewiesen", sagt der Bischof zu seinem Priester, „wir alle, jeder von uns. So soll es auch sein. In einem gewissen Sinn geht es gerade darum." Der Abschied fällt leichter, wenn wir nicht allein sind, wenn wir gestützt werden, wenn wir die Verantwortung auch weitergeben können.

Die Kunst gelingenden Loslassens, die Kunst des guten Abschieds gehören zu den schwierigsten Herausforderungen im menschlichen Leben. Hiob muss Güter, Kinder und Gesundheit loslassen. War dies ein guter Abschied? Hiob ringt mit seinen Abschieden und kann nicht versöhnt loslassen, er wird gequält von der Frage nach dem „Warum?". Die Evangelien erzählen uns, wie Jesus die Kunst des Abschiednehmens gemeistert hat. Er kündigt seinen Tod an, lebt in einer Haltung des Loslassens und lädt auch seine Jünger dazu ein, in dieser Haltung zu leben. Im Matthäusevangelium finden wir etwa dreimal die Ankündigung des Leidens und Sterbens (Mt 16,21–23; Mt 17,22–23; Mt 20,17– 19). So wird der öffentliche Dienst Jesu unter das Vorzeichen des Loslassens gestellt. Im Matthäusevangelium werden die Stationen auf dem Weg des Abschieds Jesu dann weiters beschrieben als: die Erfahrung der großzügigen Salbung; das gemeinsame Abschiedsmahl mit den Jüngern; das Gebet in Getsemani. Im Johannevangelium kommen in den Abschiedsreden die Trostworte an die Jünger und die Verheißung des Beistands hinzu; und – vom Kreuz aus – die Überantwortung des Lieblingsjüngers an seine Mutter und die Überantwortung der Mutter an seinen Lieblingsjünger (Joh 19,26–27). Jesus lebt in einer Haltung des Loslassens; er vermittelt ein Wissen um die Vorläufigkeit dessen, was wir hier auf Erden tun. Er übernimmt auch im Angesicht seines Todes Verantwortung. Und er lebt sein Leben. Von besonderem Gewicht ist in diesem Zusammenhang die Salbung Jesu vor dem letzten Abendmahl (Joh 12,1–11). Eine Frau salbt Jesus die Füße mit echtem, kostbarem Nardenöl. Unwillig sagt Judas Iskariot auf diese Geste hin: „Warum hat man dieses Öl nicht für dreihundert Denare verkauft und den Erlös den Armen gegeben?“ (Joh 12,5). Tatsächlich: Die Salbung spricht die Sprache der Verschwendung. Es ist, so würden manche sagen, unvernünftig, in einen Menschen, der bereits vom Tod gekennzeichnet ist, zu „investieren“. Jesus lässt es zu. Mehr noch: Er zeigt Freude und Dankbarkeit. Das Leben zeigt sich auch in Fülle, zeigt sich auch jenseits des Kalküls, zeigt sich auch in Feier und Verschwendung und folgt, wenn es die Tiefe des Menschseins ermöglichen soll, nicht dem Gesetz des größten Glücks der größten Zahl. Abschiede müssen auch gefeiert werden, nicht nur: „hinter uns gebracht".

Wie gehen wir mit dem Abschied vom Leben um? Die Antwort auf diese Frage sagt viel über eine Gesellschaft aus. Der Tod gehört zu unserem menschlichen Leben. Der portugiesische Literaturnobelpreisträger José Saramago hat in seinem Roman *Eine Zeit ohne Tod* von der Verwirrung erzählt, die sich in einer Gesellschaft einstellt, als Menschen nicht mehr zu sterben vermögen. Mit einer gewissen Genugtuung schildert er auch die Ängste der Kirchen, die in gewisser Weise in der Offenheit des Lebens auf den Tod hin gegründet sind. Hier ist durchaus ein wahrer Kern berührt – die großen Fragen des Lebens stellen sich im Angesicht der Offenheit unseres Lebens. Wir wissen nicht mit wissenschaftlicher Gewissheit, woher wir kommen, noch, wohin wir gehen. Aus dieser Offenheit des Lebens ergibt sich ein Geheimnis unseres Daseins. Es sagt viel über eine Gesellschaft aus, inwieweit sie bereit ist, dieses Geheimnis des Daseins zu ehren. Die skandinavische Autorin Ninni Holmqvist hat in ihrem Roman *Die Entbehrlichen* eine unmenschliche Gesellschaft beschrieben, die Menschen bis zum letzten Atemzug ausnutzt und den letzten Lebensabschnitt so organisiert, dass die „unnützen Mitglieder" der Gesellschaft früher zum

Sterben gebracht werden und dass in jedem Fall zuerst alle Organe entfernt werden. Hier wird nicht eine „Kultur des Abschieds“, sondern eine „Unkultur des Abstoßens“ beschrieben. Abschied wird hier mit einer erschreckenden Berechnung und Lieblosigkeit genommen. Hier ist kaum Raum für den tiefen Schmerz, der auch Platz haben muss.

Denn Abschied nehmen kann so schwerfallen. Da ist die Lebenssituation einer vierfachen Mutter, die an Krebs erkrankt ist und fürchten muss, ihre Kinder bald verlassen zu müssen. „Die Kinder brauchen mich doch“, sagt sie. Und: „Ich habe meinen Vater früh verloren, ich habe am eigenen Leib erfahren, wie schlimm es ist, ganz jung einen Vater oder eine Mutter zu verlieren.“ Solche Abschiede fallen unsäglich schwer; es fällt so schwer, loszulassen von geliebten Menschen, gerade dann, wenn wir Verantwortung tragen. Es fällt so schwer, zu gehen, wenn wir nicht das Gefühl haben, unseren Weg zu Ende gegangen zu sein. Wenn in der Heiligen Schrift davon die Rede ist, dass ein Mensch „satt an Lebensjahren“ gestorben ist, dann ist damit gemeint, dass es einem Menschen gegeben war, einen Weg bis zum Ende zu gehen. Was wissen wir freilich über den Weg, der uns zu gehen aufgetragen ist! Es bleibt ein Geheimnis. So gesehen haben die Philosophen, die gesagt haben, dass der Tod unser ganzes Leben in ein Geheimnis einhüllt, sicher recht. Im zweiten Timotheusbrief schreibt der Apostel: „Ich habe den guten Kampf gekämpft, den Lauf vollendet, die Treue gehalten“ (2 Tim 4,7). Freilich: Wie wollen wir wissen, dass ein Lauf „vollendet" ist? Hier kann der Glaube an die Kraft der Vorsehung ein ungeheures, aber auch geheimnisvolles Geschenk sein! Wenn wir doch glauben könnten, dass alles in Gottes guten Händen liegt und Gott die Dinge fügt, lenkt und wendet, dann könnten wir voll Vertrauen und Mut durchs Leben gehen. Das betrifft auch den Umgang mit Not. Denken wir an Don Bosco: Er hat im 19. Jahrhundert alle Hebel in Bewegung gesetzt, um zu Geld zu kommen. Er hat ganz verschiedene Leute angesprochen: in der Kirche, bei den Behörden, auch Menschen, die nicht glaubten, aber wohlhabend waren. Und wenn die Mittel nicht reichten, legte er einfach unverschämtes Gottvertrauen an den Tag. Don Bosco war felsenhaft davon überzeugt, dass Gott immer ein Gott der Menschen ist und für seine jungen Menschen da ist. Dieser Glaube an Fürsorge und Vorsehung gibt Kraft. Gottvertrauen nimmt dem Leben und dem Abschiednehmen nicht seinen Geheimnischarakter; aber es nimmt die Angst und die quälende Verwirrung. Freilich, es ist ein Geschenk, eine Gabe – Gnade. Gutes Abschiednehmen kann nicht bis ins Letzte konstruiert werden; da ist stets auch ein Moment des Gnadenhaften enthalten.

Eine Kultur des Lebens, die das Geheimnis und die Offenheit des Lebens auf den Tod hin ernst nimmt, wird auch an einer Kultur des Abschieds bauen. Ein Mensch, der stirbt, möchte dies in der Regel vorbereitet tun, mit möglichst wenig Schmerzen und nicht allein. Der Abschied führt uns hin zum Wesentlichen. Im Angesicht des Todes lassen sich tiefe Fragen über das eigene Sein nicht mehr wirklich verdrängen. Es geht nicht nur um das Warum, sondern auch um das Wohin. Hier sehnen wir uns nach Antworten, die konkrete Hoffnung vermitteln, nach einer Sicherheit, die die innere Gewissheit in sich birgt, in der Leid, Sterben und Tod nicht grausames Schicksal und Ende des menschlichen Daseins bedeuten, sondern Durchgang zu einem neuen Leben darstellen. Wir leben in unserer aufgeklärten und vielfach entzauberten Welt vielfach in einer Gesellschaft, in der Schmerz, Leid, Krankheit und Tod gern aus dem persönlichen und öffentlichen Bewusstsein verdrängt werden. Auf der anderen Seite hoffen, ja erwarten die meisten Menschen in Krankheit, Leid und Tod liebende Zuwendung, die Linderung von Schmerz und Leid. Vielen, denen die Diagnose der Unheilbarkeit mitgeteilt wurde, leben in der Angst vor dem Fortschreiten ihrer Krankheit. Zu den momentanen Beschwerden tritt die Furcht vor einer weiteren Verschlechterung. In einer solchen Wirklichkeit wird für viele der Sinn ihres Lebens brüchig. Der Kranke erwartet in dieser Situation von seinem Nächsten eine Hilfe, um das Leben bis zuletzt durchzustehen und es in Würde zu beschließen, wann Gott es will. In dieser schicksalhaften Realität für jeden einzelnen Kranken leistet die Palliativmedizin unersetzbare Dienste. Kranke, Sterbende werden zur persönlichen Gestaltung ihrer letzten Lebensphase befähigt, soweit dies im Nachlassen ihrer körperlichen und geistigen Kräfte möglich ist. Dieses Engagement hat hohen menschlichen und christlichen Wert. Es zielt darauf ab, Gott als „Freund des Lebens“ zu entdecken und im Leiden die frohe Botschaft herauslesen zu helfen: „Ich bin gekommen, damit sie das Leben haben und es in Fülle haben“ (Joh 10,10). Die palliative Betreuung kranker und sterbender Menschen braucht aber wesentlich ein spirituelles Element. Der Kranke und Sterbende soll das „Pallium“ spüren, die Ummantelung, in der er sich im Augenblick seines Leidens und Hinscheidens bergen darf. Das Sakrament der Krankensalbung will hinführen, stärken und begleiten beim letzten „Ja“ zum Leben.

Vielleicht kann man dies mit einer Geschichte illustrieren, in der der kleine Prinz vorkommt. Der kleine Prinz, die liebenswerte Gestalt, die Antoine de Saint-Exupéry geschaffen hat, hat die Eigenschaft, mit Unschuld und Hartnäckigkeit wichtige Fragen zu stellen. Die Geschichte trägt den Titel „Das letzte Hemd“ und könnte folgendermaßen erzählt werden:

Eines Tages kam der kleine Prinz zu einem Hospiz. Er öffnete die Tür und gelangte in ein Zimmer, in dem eine freundliche Frau saß und nähte. „Guten Tag“, sagte der kleine Prinz. „Guten Tag“, antwortete die Frau. „Wie heißt du?“, fragte der kleine Prinz. „Ich bin Teresa“, sagte die Frau, die nicht zu fragen brauchte, wer der kleine Prinz war. „Was machst du hier?“, fragte der kleine Prinz. „Ich nähe Oskars letztes Hemd“, sagte Teresa. „Er ist zu schwach dazu, ich helfe ihm dabei.“ „Was ist das – ein letztes Hemd?“, fragte der kleine Prinz. „Das letzte Hemd“, sagte Teresa, „ist das Hemd, das du bekommst, wenn du alle Stücke deines Lebens zusammennähst“. Sie biss den Faden ab, nahm das Hemd und sagte zum kleinen Prinzen: „Komm, wir gehen zu Oskar." Sie gingen in das Zimmer gegenüber. Darin lag ein alter, müder Mann. „Guten Tag, Oskar", sagte der kleine Prinz, denn er hatte wohl verstanden, dass das nun Oskar war. „Guten Tag, kleiner Prinz", sagte Oskar, der wusste, wen er vor sich hatte. „Was machst du hier, Oskar?", fragte der kleine Prinz. „Ich sterbe", sagte Oskar. „Was ist das – Sterben?" Oskar seufzte. „Ich weiß es nicht; ich glaube aber, Sterben heißt: eine Reise tun". Da kannte sich der kleine Prinz aus, denn er war ja selbst unterwegs. „Ich mache auch eine Reise", sagte er. „Und ich musste meinen Planeten und meine Rose zurücklassen und ich lerne immer wieder etwas Neues kennen, das ich dann auch zurücklassen muss." „Ja", fügte der kleine Prinz hinzu. „Und ich muss mich warm anziehen."

„Genau", sagte Teresa: „für eine lange Reise musst du dich warm anziehen". Und sie legte das letzte Hemd auf Oskars Bett.

Abschiednehmen glückt, wenn es uns gelingt, das Leben im Ganzen zu sehen; wenn wir die Teile unseres Lebens zu einem versöhnten Ganzen zusammennähen können. Abschied gelingt, wenn wir darauf vorbereitet sind, darin begleitet werden, mit der Unumkehrbarkeit mancher Schritte und mit den Grenzen, auf die wir stoßen, leben können. Eine biblische Gestalt, die uns wichtige Einsichten in den gelingenden Abschied vermitteln kann, ist Mose, dessen Abschiednehmen am Ende des Buches Deuteronomium dargestellt wird. Das Abschiednehmen hat folgende Gestalt: Mose ruft das Volk zu einem Rückblick zusammen und erinnert sie an die gemeinsame Geschichte (Dtn 29). Er zeigt damit die Verbindung zwischen seinem eigenen Leben und dem Leben des Volkes und bettet sein Leben in einen größeren Zusammenhang ein. Er erinnert an Bund und Verheißung und weist damit auf eine Zukunft, die über sein eigenes Leben hinausgeht. Er vermittelt die Verheißung Gottes und zeigt die Ernsthaftigkeit des Lebens auf, indem er seinem Volk sagt: „Hiermit lege ich dir heute das Leben und das Glück, den Tod und das Unglück vor … Leben und Tod lege ich dir vor, Segen und Fluch. Wähle also das Leben, damit du lebst, du und deine Nachkommen“ (Dtn 30,15.19). Er spricht seine Schwäche an und setzt Josua als seinen Nachfolger ein, indem er ihm vor aller Augen sagt: „Empfange Macht und Stärke“. Er tritt also seine Macht und Kraft an Josua ab, erteilt letzte Weisungen an die Priester und die Ältesten. In seiner letzten Gottesbegegnung im Offenbarungszelt setzt ihn Gott von der künftigen Untreue des Volkes in Kenntnis. Er lehrt ihn ein Lied, das er dem Volk beibringen soll. Gott weist Mose an, auf den Berg zu steigen, von dem er das Gelobte Land schauen kann und auf dem er sterben wird. Mose segnet in einem letzten Akt das Volk (Dtn 33), erklimmt den Berg und stirbt. „Sein Auge war noch nicht getrübt, seine Frische war noch nicht geschwunden“, heißt es (Dtn 34,7). Das ist ein Bericht über gelingendes Abschiednehmen: Hier ist das Moment der Einbettung des eigenen Lebens in einen größeren Zukunftshorizont, der über das eigene Leben hinausgeht; hier ist das Moment der Erinnerung an

Ernsthaftigkeit und Würde des Lebens; hier ist das Moment der Einsetzung und Bevollmächtigung eines Nachfolgers; hier ist das Moment des hinterlassenen und geschenkten Erbes, von dem das Volk zehren und an dem es wachsen kann (das Lied zur geistlichen Stärkung); hier ist das Moment des Segens schließlich, des Wohlwollens und Wohl-Wünschens. Das sind fünf Momente eines Abschiednehmens, die auch für unseren eigenen Abschied so wichtig sein können. Mose stirbt versöhnt und begleitet, vorbereitet und voll von Kraft, die ihn „Ja" zum Leben bis zuletzt sagen lässt. George Ritchie, ein Psychiater, der als junger Mann eine Nahtoderfahrung hatte, die sein weiteres Leben prägte, schildert diese Bedeutung des Abschieds in einer Begegnung mit einem Klienten: Fred, ein Klient kommt eines Tages aufgewühlt in seine Praxis und sagt, dass er die Behandlung nicht mehr fortsetzen wird, weil ohnehin alles egal sei. Er komme gerade aus dem Krankenhaus und habe nur mehr wenige Wochen zu leben. Da sei alles zu spät. Dr. Ritchie sagt darauf: Im Gegenteil! Gerade jetzt ist es entscheidend, alles zu ordnen; gerade jetzt ist es entscheidend, versöhnt und ohne Verbitterung, ohne Hass und ohne Streit die letzten Schritte zu gehen. Dann wirft der gute Abschied noch ein mildes, tröstendes Licht auf all das, was den Weg ausgemacht hat; und der Abschied kann – gerade auch auf das Leben, das kommen wird – gelingen. Das nennen wir: Sterbereife. Nicht nur, dass ein guter Abschied einen neuen Anfang möglich macht; ein guter Abschied heiligt auch all das, was vorher war.

Dazu ein letztes Beispiel: Pedro Arrupe, der langjährige Generalobere der Jesuiten, erlitt 1981 nach einer Asienreise einen Schlaganfall und konnte von einem Moment auf den anderen sein Amt nicht mehr wahrnehmen. Er wurde zum Pflegefall, der mit Geduld und Gottvertrauen zehn Jahre lang in der Krankenabteilung der Jesuitenkurie in Rom zubrachte – liebevoll gepflegt bis zu seinem Tod im Jahr 1991. Es waren vor allem auch diese letzten zehn Jahre, die dem Leben und Wirken des Pater Arrupe, der so viel von Gottvertrauen und Lebensmut geschrieben und gepredigt hat, eine besondere Tiefe und eine besondere Kraft verliehen haben. Ganz ähnlich wie auch die letzten Jahre von Papst Johannes Paul II. seinem Glauben an die Vorsehung, an die Treue Gottes und an die liebevolle Begleitung Gottes eine neue Weite und Würde gegeben haben. Ein gelingender Abschied kann durch sein „Ja" zum Leben bis zum Ende auch „Ja" sagen zu allem, was das Leben ausmacht.